Leader Culture

Lead the Way! Be Your Own Leader!

Leader Culture

Lead the Way! Be Your Own Leader!

力得文
Leader Cultu
歡迎來到擺渡人談心室
朱佳 著
當你推開門，你與她的對話將就此展開！這裡沒有同情憐憫，也不區分好惡優劣，
她只是聆聽和分享，卻能讓你疲憊而羸弱的身軀，綻放出靈魂之光。

編者序

「擺渡」的本意是用船舶由此岸橫渡到彼岸。根據宗教的說法，人在紅塵世間所受到的種種苦難是沒有際限的，故以「苦海」喻之。

身處娑婆世界的人們，不論怎樣努力、如何堅持，總會在因果業報的循環中，產生難以圓滿的遺憾或悔恨。

浮沉於苦海中的人們，總是汲汲營營地想在這片汪洋中探尋並覓得能安棲、落腳的港灣。而神佛乃是駕著救難的慈舟，以慈眼關懷、引導有緣的眾生，進而渡人們上岸。

因此，「擺渡人」可以說是幫助他人解決問題之人，他們伸出援手，拯救落入苦海中、沉浮於苦海的受難者。

而「擺渡人」的工作是盡其所能地協助落水的人們從此岸橫渡到彼岸，盡其所能地縮短落水的人們經受苦難的過程和體驗苦痛的時間。

套用電影《擺渡人》的對白來說，「也許我不能陪你過河，但能送你一程，讓你順利地上到彼岸」，把你帶離當下苦痛的所在，讓你遠離當下苦悶的情緒，像一盞指引你、照亮你的明燈，也像航海人的希望燈塔，這就是「擺渡人」。

然而，「擺渡人」這三個字，代表的不止是身分、不止是功能，更是一種強烈而滿溢的情感——愛。

沒有愛的「擺渡人」不能被稱為「擺渡人」，因為他們不會真實也不夠誠懇；不夠愛的「擺渡人」也不能視為「擺渡人」，因為他們無法順利地渡人上岸。

對於找她進行心理輔導、諮商的人們來說，作者朱佳絕對是他們最實在的「擺渡人」，甚至朱佳也是正在閱讀此書的你我最穩當的「擺渡人」。

當你翻開了這本書，當你對生活或生命感到疲累，當你閱讀她的個案分享、生命體會，你會慢慢地好轉，也會漸漸地釋懷，這就是「擺渡人」的力量。

「世事如書，我偏愛你這一句，願做個逗號，待在你腳邊。但你有自己的朗讀者，而我只是個擺渡人」，這乃是「擺渡人」的心聲——不能真真正正地承載你所有悲傷和痛苦，只求能切切實實地陪伴你走過那些憂愁，就這樣安安穩穩地待在你的身邊，分擔一點點你的憂傷，安撫一點點你的焦慮，看著你上岸的背影，而「擺渡人」的任務也就能圓滿。

然而，我們生命中的「擺渡人」可以是身邊的親人，也可以是親密的朋友，更可以是我們自己。從需要「擺渡人」伸出援手拯救到成為自己的「擺渡人」，這是一股強韌的力量，讓我們學著「自救」。

當我們正視自己的困境與缺陷，面對自己的壓力與難題，進而勇敢地克服自己人生的苦痛與難處，我們將會是越來越堅強的生命鬥士，更能透過直接或間接體悟到的生命課題，學著成長茁壯。當我們學會「自救」，才有能力「救人」，進而成為別人的「擺渡人」。

願我善良的讀者們，都能成為懂得自救且能救人的「擺渡人」，散發著溫暖和煦的微光，照亮彼此人生道路中偶爾突發的暗角。

推薦序

六年前，我為朱佳的《低俗小說》寫過一篇〈序〉。我在〈序〉中說過：「一、她的小說很好看；二、她的小說很現代；三、她是一位有前途的作家。」我很高興，我的話沒說錯。

六年來，我和朱佳只見過兩、三次面，但通信多次，知道她一直寫作不輟。有時也會收到她寄來的幾篇稿件，很欣賞她的文字，認為大有進步。

沒想到，最近收到她寄來的一大本書稿，想邀請我再度幫她寫序。我讀後大為驚艷，進步真大！

一邊讀，一邊有些思緒湧入腦內，雜七雜八。於是突生妙想，乾脆將這些想法記下來，供讀者參考，也可做為一篇「讀後感」吧！

不愧是心理學家——深入到個人的內心深處

朱佳是心理諮商師，是私人開辦診所的職業心理諮商師，是絕對新興行業的先驅，而且是正規科系出身，有專業知識，又是女性。這種身份讓她擁有特別有利的地位，可以知道許多人的私密。那些平常難以啟齒、不肯向外人吐露的秘密，她都知道，不光知道，還得和人家互動，提供一些解決問題的思路去排開困難。

心理諮商師不好當，在大學能考一百分的人，也不見得能勝任這份工作。必須有高智商；必須有能迅速動腦的敏捷思維；必須有馬上發現問題、立即解決問題的能力。而這種能力的培養恰恰是教育最高的標準，卻非人人都具備。

可惜，眼下的填鴨式教育、文憑社會並非以此為目標，白白浪費了許多教育資源，不知道讓多少青春年華付之東流，絕大部分學子成了不能創新的「知識」份子。

朱佳就是個例外。所以她能開心理諮詢診所，開得下去還具有聲望，甚至越開越好，實在是不簡單。正因為如此，只有她能獲得許多埋藏在他人內心深處的秘密。把這些秘密書寫下來，豈不是好看得不得了嗎？小說也好，散文也好，不就是寫人、寫人的行為、寫人支配行為的思想？

朱佳就是有這麼得天獨厚的條件。許多人主動來找她，主動向她敞開心扉、吐露心聲。不是一、兩個，而是一大堆人。這還得了！哪個作家有這麼好的寫作條件？只有她有，所以，她非成為作家不可！

舒乙

目錄

第二章　一半是孩子，一半是成人

第三章　一半似水流年，一半此間少年

第四章　一半是男人，一半是女人

第五章　一半在塵世，一半在心懷

後記

第一章

一半是火焰
一半是海水

上帝救自救之人

那是西元兩〇〇九年的夏天，林懇剛剛五個月大。

中午，天色陰沉，暴雨前的悶熱。阿姨做好飯菜回家，我抱著林懇，獨自在家等先生回來。手機響了，是陌生號碼，一個略顯沙啞的聲音問我是不是諮商師，聽上去是個年輕姑娘，莫名的激動。她說，她在一條河邊，準備自殺，「不過，死之前想再跟一個人說說話。」

身為職業心理諮商師，我知道危機處理的特殊性，它不同於日常開展的心理諮詢，有很多禁忌和注意事項，好在一些基本技術是相同的。

情況緊急，不容我猶豫，只有知難而行。我沒有急於阻止她或開解她，而是先給予關注和理解，再安撫她的情緒，詢問她叫什麼名字。她告訴我，她的名字叫小憶。隨後，她的情緒稍微穩定了一點。

電話中，她反覆說著「我不配活著，我跟人睡過」，我覺得那語氣裡除了自暴自棄，還有挑釁的味道——不是針對我，而是針對自己，針對想像中的生活和命運。

我表示願意聽她詳細說明情況，但因為在不清楚情況之前，給任何建議都是不負責任的，所以「既然要了解情況，就需要面對面交談，所以，妳要先告訴我你在什麼地方，我會立刻出發去見妳。」

如此這般，她漸漸平靜下來，說自己不是本地人，不認識路。我讓她看看附近有沒有路牌，她找了一會兒，說看到了「五臺山大橋」的牌子。

我推斷她應該在古運河邊，於是叮囑她在原地等我，我會儘快趕去。掛了電話，抱著林毅的手有些麻了，這才感覺到一直按捺住的緊張。

通過電話的對談，我估計她不會馬上付諸行動。

自殺前對外求助的，往往沒有形成堅定的意願，意識裡還是戀生的，希望有人關注自己，讓自己找到活下去的理由，哪怕是陌生人——有人拉一把，就活；沒人肯出現，則可能真的會絕望而走上絕路。

我知道我必須去，除非天塌下來。一來，人命關天，不能爽約；二來，不算高尚的想法：既然找上我，人總不能死在我手裡。

原本是平靜的一天。

懷孕期間為了安胎我減少了諮詢量，選擇性地提供諮商，熟識的諮詢者了解我的情況，也很體諒。坐完月子，我維持先前的狀態，基本上以長期諮商者為主，為了不耽擱諮詢進度，我把諮詢場所暫時從診所改到家裡。

林毅出生後，因為親餵母乳，孩子全是我帶。抱著兒子，邊餵奶邊諮詢（女性諮詢者）的場景稀鬆平常，他常常喝著喝著就睡著了。等他睡熟，我便將他放在諮詢室內的沙發上。

有幾名諮詢者是看著林毅長大的，至今還會跟我回憶他嬰兒時的憨樣。

那時，「媽媽」對我來說是個陌生的新角色，從零開始，一路摸索。同時，我還肩負著一份有壓力的工作，承擔著很多人的信任與希望。所以，我非常焦慮。

這天中午，我原先只是個抱著孩子、等先生下班回家吃飯的主婦，忽然得從平凡日常中變身為拯救世界的超級英雄——這樣的突發情況，實在稱不上喜聞樂見，如果不是命運找上我，我恐怕也不想沾惹麻煩。

就在這時，先生冒著滂沱大雨趕回家，我簡單說明情況後，便請先生開車載我前去。抱著林懇，坐上了車，一家三口在大雨中直奔古運河畔。

我在車上先報了警，派出所安排當地警察和我通話。基於保密原則，諮詢者的情況不可隨意洩露，但眼下是例外，涉及人身安全，因此我在可控制的最小範圍內輕描淡寫地訴說了事件。員警的態度見怪不怪，就像醫生開刀不眨眼，也像我聽見性變態不會皺眉。事實上，我不敢保證能順利找到小憶，甚至這可能只是場惡作劇。總之，我跟員警說好，他們趕來後，先在河邊觀察，等我通報後續消息。

一路上，我先給林懇餵奶。他依偎在媽媽懷裡，很安靜。

看著車窗外模糊的雨景，我想，還是小孩子好，餓不著也還不懂這些現世的痛苦掙扎。他不知道，爸爸、媽媽在正中午餓著肚子、冒著風雨、帶他出門的無奈。

而我不知道，這一趟，等待我的是驚天動地、一波三折、皆大歡喜？還是愛莫能助、徒勞無功？又或者是莫名其妙、荒誕不經？

運氣不錯，到河邊時，雨變小了。

我撐著傘，邊回撥剛才的號碼，邊在河邊尋找小憶的身影。

她接了，接得很快，口氣像是熱切盼望我來一般。我們在電話中核對了位子，選擇在河邊一棟建築物門口會面。

到了那裡，我請先生聯繫員警，我則下車等她。

經過漫長的數分鐘後，小憶出現了。

我微微有些吃驚——但我掩飾得很好，沒有顯得大驚小怪。

她和我想像的模樣完全不同。我想像中的她，是消瘦而神經質、披頭散髮的那種——但是邏輯的左腦和藝術的右腦合夥捉弄了我。

眼前的小憶，只有二十多歲，個頭不高，非同尋常的胖，頭髮剪得很短，不是時尚流行的那種短髮，而是一種敷衍潦草的總合，她套了件圓領白棉衫，下面則搭了件牛仔褲。說句公道話，她看起來毫無女人味。

最特別的是，她拎著一只箱子，還揹了把吉他，說不清這是給她添加了頹廢的藝術氣質，還是增益了潦倒的流浪色彩。與她有些怪誕的外表相呼應的是她圓滾滾臉頰上引人注目的哀傷。

這種少有的哀傷，不具詩意和文藝氣息，而是心理和精神層面的——混雜著不安、自卑、孤僻、多疑、消沉、絕望、冷漠、抑鬱，外加提防和戒備，執拗和倔強。

約好會面的這棟建築物，以前曾是間娛樂場所，現在則成了廢棄大樓，門戶洞開，只見空寂的大廳裡有一座向上延伸的樓梯。外部裝修陳舊過時，裡面散落著灰塵、垃圾，似乎晚上會有流浪漢在此留宿。

外頭還下著雨，我請小憶進到室內來。她掏出香菸，邊點邊走來。我們就在這棟破敗的建築物裡開啟了對話。

我試著和她交談，先從吉他說起。她打斷我，說自己不會彈，揹著它只是想有點安全感。我順著她的話多聊了一會兒，談話不算投機，也沒有切入正題，但我對她已經有大致的印象。

小憶混亂的語言表達，不像精神病患的症狀，主要可能是情緒問題所導致。她讓我想起那種渴望獲得愛、渴望與人交往、渴望受到關注的小孩子，會本能地抗拒、逃避而舉止彆扭。

按照舒茨的人際關係三維理論，小憶屬於被動情感式，期待他人與自己親近，但自身顯得冷淡，負面情緒較重。

這大多源自童年時期的人際需求未能得到滿足，如果小時候得不到雙親的疼愛，經常面對長輩的冷漠、訓斥，長大後就會出現低個人行為，表面上與人友好，但因為早期經驗所產生的情感隔閡，常會因為擔心不受歡迎而避免與人親近。

她還這麼年輕，不知道為什麼會有現在的表現，我相信她是遭遇了些什麼。

正說著，員警來了。小憶先是訝異失措，而後，像刺蝟般把自己包裹起來，抵觸、敵對。

員警表示，有人報警，他們當然要出來巡察。我心照不宣地幫襯：「一定是有人見到妳在河邊徘徊，感到擔心而報了警。」

小憶勉強接受這說詞，但情緒激動了起來，聲音也變大了，又開始拋出她跟人睡過這樣的「驚悚」內容。

員警見慣了這陣仗，也有些尷尬為難，只能顧左右而言他地好言勸說。

我想跟她多聊幾句，但她眼神空洞地望向遠方，語氣執拗地說：「我跟人睡過！我跟人睡過很多次！我不是個好人！我都這樣了，活著還有意義嗎？」話一說完，便轉頭挑釁地怒視我。

這些話也許是事實，但過分簡單含糊，包含了大量未知的成分（隨便推想，都有近十種可能性），需要予以澄清，使之具體化，才能給予她有效的幫助。好比中醫的望聞問切，總要了解症狀之後才能對症下藥。

當下全無天時地利人和，員警又在一旁等著，而她滿臉怨憤，起勁地想跟我對抗（那是活得不好還願意活著的兆頭），我決定暫且放下。

稍事安撫後，我說：「希望妳先冷靜下來，不要輕言輕生，我想了解妳遭遇了什麼，但顯然三言兩語說不清。如果妳願意，我可以另請一位記者，請她跟妳約個時間（這是緩兵之計）詳細採訪妳的故事，化名刊載出來後，可以一起聽聽讀者們的反應。」

她沉默了片刻，點頭同意了。

「另外，接了妳的電話，我們全家連飯都沒吃還抱著幾個月大的孩子趕過來，孩子現在還等著（指著外面的車給她看），時候也不早了，先生下午要上班，希望妳能體諒。」

我這麼說著，小憶瞪大眼睛聽著，變得冷靜了一些，不再胡亂發洩情緒，轉而向我道歉並表示感謝。然後她跟隨員警去做筆錄，我則和另一位員警簡要交辦相關事項後離開。

對痛苦的人，要理解，要傾聽，也要遵照現實原則，讓他了解別人的難處、別人的付出，別人是把他當做一個正常、有善意、能被理解的人看待，而他便自然會管理自己，表現出正常的行為反應。

如果他做不到，正好讓他領悟自我與他人的界限，讓他學著客觀地看待世界，並擺正心理位置。

這樣的人常常會放大危險，只關注個人的心理感受，逐漸與現實脫節，孤獨地困在心理牢籠中。如果一味把他當弱者、病人，反而會遏制他的能力、限制他的成長，致使他安於糟糕現狀，樂得做個弱者，情願當個病人。

是的，這些角色有好處：可以理所當然地避免成長的陣痛、蛻變的艱辛；可以問心無愧地不去承擔責任、不去面對人生；還可以要求他人無止盡的包容、照顧（也因此他們的人際關係常常不佳）——如果別人做不到，自己就有理由怨天尤人。因為，自己很慘、自己有病。

暴雨停了，烏雲還未散，天也陰涼了，雨後清爽而略帶腥味的空氣沁入鼻腔。林懇沒有醒，寶寶真乖。

我對先生說：「一個人對自己負責，就是對他人負責，管不好自己，就會給他人帶來痛苦和麻煩。」

回到家，熱了剩飯剩菜來吃。

下午，我聯繫了慶萍。她是晚報的記者，負責情感故事專欄。慶萍心地善良，為人真誠，我對她很放心。

至於為什麼採訪小憶？我認為她需要被人關注，這會使她產生生活下去的動力。同時，這個專欄每期都會刊登部分讀者的讀後評論（通常是正面的），我希望小憶能試著看看別人會怎樣看待她的遭遇，相信這也會使她獲得活下去的勇氣。

慶萍很快找到了小憶。不久，慶萍打來電話，她的語氣很沉重。

小憶的經歷確實特殊。

年幼的她，被兒女眾多、經濟窘迫的父母送給別人撫養。七歲時因養父母婚姻破裂而被送回生父母身邊。她被父母視做累贅，不是對她不聞不問，就是對她連打帶罵，連一丁點學費都不願為她負擔。先後兩次被拋棄的經歷已讓小憶難以承受，十歲時她又橫遭不幸——村裡一個四十多歲的醫生強暴了她。

父母得知後，只是冷漠、羞辱、責罵她。無助的她無力反抗、不敢聲張，只能繼續在被侵犯、被羞辱的循環中苟延殘喘，這樣的惡性循環一直到她十三歲時離家出走才告一段落。

打算獨自闖蕩世界的小憶隻身來到揚州，到一間企業落腳，整天在車堆裡埋頭苦幹。正值青春期的她，變得陰晴不定、喜怒無常。

一位大姐注意到小憶的情況，對她照顧有加。她也漸漸接受了這份善意，打開心門，告訴對方自己曾遭受到的種種不幸。

大姐同情她、勸慰她、包容她，她卻在這樣的依賴關係中忽略了對方的感受，甚至時常無視對方的立場，肆無忌憚地發洩情緒。

有一次，大姐遇到了一些麻煩而跟小憶訴苦，沒想到，處在抑鬱狀態的小憶竟對大姐惡言相向，甚至口出汙言。傷透了心的大姐悄悄離開工廠，離開揚州，無論追悔莫及的小憶怎麼道歉、怎麼熱切聯繫，她都沉默以對。

失去了精神依靠後，小憶像溺水的人，急著抓住救命的稻草，於是她把心思全數寄託在另一個人身上。他是個憨厚的男孩，也是小憶的同事，像大姐一樣關注到了孤獨無依的小憶，因為被她的與眾不同吸引而執著熱切地追求小憶。

混合了對愛情的嚮往和對男人的恐懼，小憶懷揣著複雜矛盾的心思與他交往，畢竟，她也想談一場轟轟烈烈的戀愛，但她不願也不敢和男人有親密之舉。

最後，男孩惱怒地對她說：「妳不像個女人！妳根本有病！」被男孩話語刺傷的她，奪門而出。

這般雪上加霜，使小憶陷入了更嚴重的憂鬱而無法自拔，就算求醫問藥也只能緩解一時，未能根治她的心理問題。瀕臨崩潰邊緣的她，竟動手傷害了一向照顧、維護自己的組長，當即被公司辭退。

隔天，十九歲的她提著行李，走到了古運河邊。當初她常和大姐、男友來這裡，欣賞屬於他們的天然美景。然後，她癡癡地望著流淌的河水，過了很久，她撥了電話給我。

小憶的身世確實讓人痛惜，這毋庸置疑。但是，對很多人而言，她的心境可能不易被理解，行為可能會被認為不可理喻。

我不敢說自己完全理解小憶的感受，應該說，我無法想像她所經歷的一切，也不願去想像。就算用再多的同理心，設身處地去理解，面對殘酷的客觀事實，也會讓人變得無能為力。不過，好在我還能用理性的一面來看待來龍去脈。

被拋棄和被侮辱的童年，帶給小憶無法痊癒的創傷，也粉碎了她的安全感、自信心以及信任人的能力，更不要說她能正確地學習表達自我，和諧地與人相處了。

她從未擁有過一段穩定、有安全感的人際關係，這使她極為渴望被人關注、被人疼愛，因此容易把關心自己的人當做精神依靠，過早地投身於其中。

可是，即便她獲得了友情、愛情，人際關係的低能與無能，使她無法與對方建立穩定、有益而互惠的關係，反而常常突然莫名地破壞、傷害他人，最終無以為繼，讓所有善待她的人們灰心失望，一一離她而去。

活在往事的陰霾之下，小憶的心是烏雲密布、黯淡無光，即便是偶爾照進心頭的善意光芒也無法照亮她的世界，反而讓更濃密的陰影彌漫並籠罩著她。

那些曾被她傷害過而平凡善良的人，比如大姐、那個愛過她的前男友、組長——他們不明所以地被小憶傷透了心。他們曾想用一己之力來擔起她的生活、改變她的未來。但是，結果呢？

也許我下面的話很冷漠無情，但我還是要說——這人即便是全世界最痛苦、最不幸的人，若他不自立自強，勢必過上永無天日的生活。他癱倒在地，你也許能揹著他走，但你能揹他去天涯海角？能揹他到天長地久？而你又奈他何？

上帝救自救之人！舉例來說，表面上看起來是我阻止小憶輕生，事實上其實是她打出的電話救了她自己。

小憶確實需要救助，但最需要的是自救。

自救，是一種態度。並非要那人獨自在深淵中苦苦掙扎，只是不要讓他繼續沉溺、沉淪。自救有很多種方法：打一通電話向朋友傾訴；求助於心理諮商專業機；走出家門去接觸人群；讓自己努力過著規律的正常生活；多給周圍的人善意的幫助；投入在個人興趣愛好之中；完成一些小事來獲得成就感；讀本好書後掩卷思索……等。

日本人森田正馬創立的「森田療法」有八字精髓——順其自然，為所當為。不管內心如何痛苦也要堅強承受，該做的事一件都不要落下。

這個療法主要適用於精神疾病，後來則推及到喪失自制能力的精神病患外的各種各類人士，一如其別稱「禪療法」。它本質上是一種人生哲學，對普通人亦能有所啟迪。

接納內心，擁抱現實，多難受都承受，該幹嘛就幹嘛，這並非消極，而是一種真正強者所展現出來的姿態。在千瘡百孔的內心中，持續經營好眼前的現實世界——終有一天，你會意識到，那些痛苦並沒有擊倒你，你還屹立不搖地站在這裡。

你還在，你的生活還在，你腳下的路還在，請你一路向前走。

當然，我沒有看輕這個案例的複雜性。

修復童年創傷向來困難重重，如小憶的遭遇更具難度，既要剜去毒瘤，又要消除烙印，想想就知道，這不可能完全「除根」，但仍有辦法讓她緩解疼痛、淡化疤痕。

其中重要的一步——接納自我。不願承認並接受真實自我是阻礙一個人告別過去、邁向未來的攔路巨石。

無論這個自我是有過失的還是被傷害的，我們都要竭盡全力去面對，試著去安撫、試著去擁抱——如果你能接受有錯但受傷的「我」，那你更要努力地接受沒錯卻受傷的「我」。

勇敢接納自我的人，才能被他人接納，才能被生活接納。

反觀，若你未能接納自我，就算曾經深深傷害了你的人們統統跪地求饒、以命相抵，也不能使你從痛苦中解脫——因為你的心，還埋在深淵裡。

希望，微弱但頑強堅持的希望，是一直支撐小憶的力量——希望還有人需要自己，希望還有人值得自己需要。因為「我們有一個地方永遠不能被鎖住，這個地方就是——希望。」（《肖申克的救贖》）

然而，希望的力量，或許能讓她活下去，卻不能讓她活得足夠光明。

面對無助的小憶，慶萍有自己的困惑：同樣平庸的我們，如何能真正地幫助到她？

我說：「每個人都有他在世間的定位和責任，除了自己，我們沒有能力去承擔任何人的人生。伸出善意的手，多做些什麼，就是最大的幫助了。」慶萍因此釋懷了一些。

我請慶萍轉告小憶，我可以提供一次諮詢，但我對她的幫助是暫時而有限的，她必須接受長期而系統性的心理治療。考慮到她的經濟情況，我推薦她去一家有影響力且為公益性質的專業危機處理中心。

她的當務之急其實是生存，而我在部落格上寫了簡要的情況，希望有人能提供簡單、臨時的工作給小憶。很多人閱讀，很多人留言，但都沒有實際的回音——對於一位曾想跳河而心理不大正常的年輕女孩，大家都能同情，但沒人敢招惹。

採訪的最後，小憶告訴慶萍，如果將來自己有能力了，一定要經常去孤兒院，為孩子們唱唱歌、彈彈吉他，即使她還沒學會。

從心理層面來看，小憶就像是孤兒。

後來，聽說小憶去了外地，據說是大姐在的地方。她攜帶著刊載出來的報紙，想去找大姐，親自向她說聲對不起，然後她就要繼續走完自己的旅程。

不知道她找到大姐了沒有，也不知道她們見了會後又會怎樣。

小憶沒有再打電話給我。

我曾試問過自己，我是否會因為沒有無償而持續地幫助她而內疚？

答案是否定的，我沒有因此而愧疚。因為，每個人都要對自己負責，對自己負責就是對他人負責，包括那些你所愛而愛你的人。不能對自己負責，就會給他人帶來痛苦、麻煩，也包括那些陌生而遙遠的人。

如果你想承擔更多，就要先管好自己。如果你想幫助他人，就得做好你分內的事。你做的，最好也必須是你承擔得起的。

其實，人生都得自己來。我們走的都是自己的路，都是孤身前行。

真假君子

十月十日，中午和家人吃完飯，出了餐廳，走在熙熙攘攘的人群中，我的手機響了一下。「今早發現那盆含羞草開出了一朵毛茸茸的小花，它也在慶祝國慶呢！謝謝妳，小草帶給我很多安慰。祝妳國慶快樂、全家安康。」是小喵。

夏末秋初，含羞草生長的季節，我買了幾株送給我的幾名長期諮詢者，小喵是其中之一。

小喵結婚一年了，還是個處女。

她第一次來前給我打了電話，那是個傍晚，在她結婚前一週。

她說自己有婚前恐懼症，但我卻聽見的是樂觀、有活力、有點心急卻不那樣緊張還帶著笑意的聲音。

這不太尋常。

諮詢者往往遭遇了生活的困境或不幸，內心因為長期積累負面情緒，即便在笑，往往是出於禮貌和掩飾，通常音調會顯得短促不安。但小喵的聲音和表達方式給我的印象，似乎是個不拘小節、不諳世事的姑娘。

不是說她沒有心事或小題大作，相反，這姑娘倒很可能做出些自欺欺人的傻事。

接完電話，因為沒壓力，也就沒有平常的如釋重負，只有親切和放鬆——我開始期待這個聲音的主人。

當晚正式諮詢，小喵如期而至。

她二十八歲，有張生動的圓臉和一雙炯炯有神的眼睛，身材很結實，如果瘦一點會是個漂亮可親的人，但這不是她吸引人的地方——你一看見她，立刻會感受到她的活力，這種與生命力、感染力相關的氣場似乎和她的身材很相稱。

她很爽朗，也不刻意掩飾自己的真性情，有個性卻不強勢，比我想像的更活潑。不過，她確實有點大而化之、不拘小節，心理年齡至少比實際年齡小個五歲——這對一名接近三十歲的女性來說，算不上什麼好事。

我了解到，她之所以會對婚姻感到恐懼，實際上來自於他。

他們訂婚近一年，一週後就要舉行婚禮。但，從頭到尾，從相識到戀愛，從幾度分合到終於確定關係，從訂婚到籌備婚禮，他始終消極被動。每個階段，他都一副事不關己的態度，對事情的進展漠不關心，言語中彆扭，行為上抵觸。

而小喵，因為對方的姿態，她反而更迫切地想完成結婚這個目標，而且對婚禮的隆重程度尤其看重（這是一種下意識補償感情本身缺憾的行為）。

根據「欲望症」理論，得不到的都是最好的。人就是這樣。

不過，到了最後一刻，她一直試圖迴避的內心質疑像滾水般沸騰起來，再也無法壓抑，劇烈地撼動她的意志。她害怕婚禮，和往常一樣，她又想逃跑，但沒有退路，要往前走，卻像負重千斤，難以為繼。

這還不是最要緊的。

小喵在第一次諮詢的最後，用「又想起一件事」那種漫不經心的態度，補充了一個細節：他們戀愛兩年，最親密的肢體接觸是牽手，除了有次對方用嘴唇象徵性地吻了她的臉頰外。

小喵試圖把原因歸結為對方是個君子，其實她也知道——會這麼想，不過是想用一個正當理由自我安慰。

他到底是真君子呢？還是真的有病？或者對自己完全沒興趣？那又為什麼會同意和自己結婚呢？小喵試著向周圍的女性朋友旁敲側擊——她不好意思直接問，當然也沒有得出明確的結論。聰明人難得糊塗，她是向來糊塗，所以就混混沌沌地繼續自欺欺人。可是終究要結婚了，原先那個隱隱約約的困擾變得更加清晰。

她一開口，我就知道，壞了。其實，只要是個有經驗的成年人都能嗅出這事的不尋常。一個客觀事實放在眼前：對方對她沒有「性趣」。究其原因，可能有很多種，但結果只有一種，而且很糟。

如果她還沒有訂婚，我可以和她討論是否該訂婚；如果婚禮還沒有提上日程，我可以和她討論是否延後。但現在，當婚宴請柬已經發到賓客手中了，除了我就沒有一個人知道內情（我也無權告知他人，即便看起來合理，甚至有必要），箭在弦上，愛莫能助。

當然，我還有可做的——傾聽、同理、接納、整理、建議、陪伴。小喵說，她感覺好多了，不像來之前那麼緊張焦慮，能夠沉得住氣，去面對接下來的婚禮。

婚禮設宴的飯店離我家不遠，當天，我特地去看她。小喵在門口迎賓，穿著婚紗化著濃妝，像千篇一律的陶瓷娃娃，但粉底下還是透著一股獨特的活力。

小喵身邊的他，中等身材，外形整潔，笑容僵硬，瘦削的外表之下是天生的專斷和強勢。他態度禮貌而周到，但缺乏感情，缺少一般新郎的緊張或興奮，好像進行的不是自己的婚禮，而是以主辦方的身份在舉辦一項活動，應景似的應酬。

他們之間，看不出有多少交流，也不相互交換意見。

小喵一開始見到我還有點茫然，而認出來後便客套地邀請我參加婚宴。我簡單地和她擁抱了一下，就離開了。

對很多剛建立諮詢關係的諮詢者來說，我就像郵遞員或售貨員，好像應該只會身處某個特定場景，離開那個環境，雙方再見面，無論曾經託付過我多少隱秘，她們一時之間也會認不出來、反應不來。

按照職業規定，我不去介入他們的真實生活（避免雙重關係），即便在大街上迎面遇到，也會儘量避開。也許，小喵留給我特別的印象，我想給她一點特別的支持。

婚禮之後是蜜月旅行，旅行歸來，小喵又來了。

似乎旅行本身是個正確的選擇，但我們所擔心的事情果然應驗了——整個蜜月期間，小喵的丈夫沒有碰她一下，兩個人睡在一張床上，相敬如賓。

回到現實的婚姻生活裡，他們依然如故，毫無起色，時間一長，連客人的待遇都取消了——他坐在沙發上，小喵一過來坐下，他的屁股就觸電似的彈起，往遠處挪。

如果由著我的性子（我有種荒誕的幽默感），我很想怪聲地喊聲——救命啊！

我讓小喵觀察一下，她的丈夫早上是否會勃起。他有，這就排除了絕對的功能性因素。除此以外，小喵能做的很少，總不能讓她跳著豔舞色誘自己的新婚丈夫——這不是尊嚴問題，是效果問題。性是水到渠成的，妳穿著多性感的內衣，石頭也不會流口水。

當然，相互溝通是個辦法——可是，竟然連這樣自然而然的事都需要艱難地開啟對話，而且又該從何說起？何況，眼下這兩個人的交談模式，正逐漸發展成躺在一張床上互發訊息。

對方已經鐵了心，堅冰一樣無從軟化。事已至此，我對這樁婚姻的評估結果是「非正常」。理智的人會當機立斷，感性的人會煎熬輾轉，小喵不是一般人，她發揮和稀泥的寬厚性情，樂呵呵地得過且過，對對方很少怨恨，倒也相安無事，不知道這對她是好是壞。

有一回，小喵結束諮詢離開後，我忽然沒由來地感慨：這個姑娘最終會獲得幸福的。老天不會讓這個有如此旺盛活力的姑娘凋零在這場枯萎的婚姻裡，她應該有能力找到出路。

我是個沒什麼直覺的人，我做判斷總是依靠經驗、邏輯和事實，但那天我的預感很強烈。回家路上，我發了一封簡訊給她。

她什麼時候才能找到出路呢？顯然她還沒做好準備。我明白，時候未到，她還沒有足夠的動力，自然沒有足夠的勇氣和信心去邁出終將要走的那一步。

上次諮詢結束時，她告訴我，那株含羞草養得很好，這天一早，已經悄悄地開花了。

含羞草的葉子像水杉，舒展開來好看，顏色是青嫩的綠，觸碰會使它受驚似立刻的蜷縮了起來。再碰，連枝都一併垂下來，奄奄一息的樣子。你不管它，過一刻鐘再來看，它揚著枝葉，似乎什麼都沒發生過。

我總想用一個不大洽當的詞形容它——怒放。

我喜歡它，它平凡而有生機。花也如此，淡紫色小小一球，毛茸茸的，不驕不躁，不喧鬧浮華，卻仰著頭，開得明快。它像我們一樣，遇到外力、挫折和惡運會退縮，有時彷彿快死了，過了一段時間，又會重新生氣蓬勃。

別怕！真的，別怕！生命就是這樣。

那些無人接納的自我與真相

還是小喵。

一晃眼，一年過去了，小喵始終沒有做出新的決定。她像鴕鳥一樣，把頭埋進時間的沙堆。

我不免覺得自己有些責任。

做為唯一的知情人，我是否應該直接指出方向，強烈地建議她結束這一切，以便減輕傷害、停止蹉跎。但我又明白，這是我個人的主觀看法，就算正確也不足為憑。

這些念頭不時影響著我，以致於在諮詢中不經意流露出來。小喵也感覺到了，有次她不大高興地表示，我總想讓她和丈夫分手。

她的指責讓我一驚，我意識到自己正在越界，「為了她好」這樣的理由其實是薄弱的。

一名諮商師應該充分地尊重、理解、接納諮詢者，雖然並不需要完全地認同對方。我立刻道歉，同時也感謝她的直率——其實我暗暗慶幸她及時提出來，這對我來說，是約束，也是保護。

對諮詢者產生移情作用（簡單來說，就是喜歡對方）的結果之一是讓自己受傷。想想，一個你關心的人向你展現他內心最深處的痛苦和無奈，哪怕只和你聊兩小時，之後你會糾結多久？你一定無法冷靜到拋諸腦後，無法繼續無憂無慮。

心理上越靠近，就越容易失去保護。距離，其實是一種安全屏障。

同樣的，距離可以使諮商師保持中立與客觀，不會有嚴重的傾向性而失之偏頗。只有中肯、全面地解讀，才能最大程度地幫助諮詢者成長。因此，在諮詢過程中，諮商師不能和諮詢者建立諮詢以外的關係，也要秉持迴避原則，不為親友諮詢。

不少初識的諮詢者都會說，希望能和我成為朋友，這其中不乏客套話（通常是在第一次會談時），當然更多的是心理上的依賴。

我會不錯失時機地告訴對方，雙重關係在諮詢中不被允許，無論在諮詢的哪個階段，要是真做了朋友，我就無法再為對方諮詢，也無法繼續提供任何專業幫助了。

其實，不難理解這種訴求，對諮詢者來說，我有時比他們的家人朋友還親，畢竟，難以啟齒的隱私都告訴我了，從未公開的秘密都跟我分享了。而我用的是這世界上無人會給予的態度——完整的接納。

在我這裡，他們能獲得別人無法提供的安全感（當然，這不妨礙面對不那麼好看的自我）。總之，我不是朋友，或是勝於朋友，正因為我不是朋友，他們才能放低自我。

對了，我也有自我。

諮詢關係是一種特殊的人際關係，雙方關係並不對等，諮商師圍繞諮詢者工作，並不突出自己的自我。

直白地說，如果讓我選擇朋友，我的諮詢者幾乎都不在其中。我個人對朋友的定義是比較狹隘的，我可以和很多人相處，也都可以相處得很好，但三十多年的歲月裡，我只認定六、七個朋友——這是我個人生活中的自我。

我的朋友未必優秀，但他們都和我擁有過共同的時光，他們了解我，視我為普通人，彼此也會繼續交流下去。反之，我對朋友們的影響不如我對諮詢者的影響，而我對諮詢者付出的心血恐怕也超過我對朋友付出的心血。

保持生活距離，不建立雙重關係——做了多年的諮商師，我盡量小心地遵守這一條。

我想，這是為什麼那麼多陰暗和苦難、那麼多掙扎和痛楚都沒有壓垮我的原因，也是為什麼我承擔著很多人一生中最大秘密和信任還能近乎完整地接納那些無人接納的真相和自我的原因。

我們不敢讓一個狹隘的、喜歡輕易否定或品頭論足的人了解我們的內心，那樣會毀滅我們的安全感；我們不需要一個主觀強勢、愛恨分明或全力維護我們的人來出主意，那樣會扼殺我們的自我。

所以，我們需要一個中立、清晰的頭腦，像滿月時的月光那樣柔和安靜，或許還有點冷淡，卻能照亮黑暗中的小徑。

我是嗎？

小喵讓我回到了職業正軌。之後的我，也放鬆下來，不再為無謂的道義傷神（要是我自以為是普羅米修斯，去為大眾的福祉盜天火，那不就等於將自己直接放在太陽的烈焰下炙烤）。每個人的人生必然由他自己決定，我並不需要負擔什麼額外的責任，只需做好自己的分內事。

我和小喵的諮詢關係因此變得更輕鬆健康。她總是說，我能精準地幫她總結出內心模糊的想法，這其實是「同理」的能力。因為同理，讓我清楚地看到她眼下安於現狀、沒打算改變自己並重建生活的意願，因此我的作用變得很有限。

我建議她暫停諮詢一段時間，等到真正有需要時再來。無論何時，我都會一直等待並隨時做好準備。

而小喵再次出現時，已過了大半年，這回她帶來了猛料。

電話裡我就知道，一定有什麼事發生。

生活還是老樣子，有氣無力的同床異夢，虧她還有活力、精力，還沒被完全消耗完。她法律上的丈夫每隔兩週就要去外地出差，又總是在假日出差。

有一回丈夫忘了關電腦，正巧被小喵瞧見，進去一看，似乎裡面有些非常親密的朋友，彼此關係匪淺，留言含糊其辭，對話欲言又止，顯得神秘莫測，而且他們還十分了解丈夫去外地的行蹤。

小喵越看越覺得，這是一群同性戀。

下載了電腦裡的一些內容，小喵匆匆聯繫了我。

看完這些似是而非的文字，我承認，我和小喵有相同的判斷。男人間的惺惺相惜是罕見的，男性的交友之道是相互打鬧著說「滾」，而不是含情脈脈地道聲「保重」。

這個可能性我們都曾猜想過，只是沒有證據可以確認。現在，蛛絲馬跡連成一片，最後一塊拼圖似乎使隱藏的真相大白了——結合他整潔的外表，對衣著品味的用心，禮貌而冷淡的為人處事之態度等等。

這個難以驗證的可能性對當事人當然有衝擊，好消息是，不管真相如何，反正現狀不變，還排除了在所有女性裡他是否只對小喵沒興趣這個小概率因素，某種角度解放了小喵——反正這輩子是得不到他的愛了。

小喵對同性戀並不反感，只是為此感到可笑，自己竟然在和男人們爭一個男人。但是，當初他又為什麼要同意進入無望的婚姻呢？

其實小喵能理解。做為一個需要在眾人眼裡表現正常的同性戀者，他隱瞞了實情，也沒有惡意誘騙小喵，他知道結婚對自己和對方意味著什麼，他始終表現出的被動因而迎刃而解。

小喵愛他，所以，越得不到越想得到，寧願蒙蔽自己的心眼，也要滿足眼前的感性需求。誰，都是自己做錯。

我無意開脫，人性總是軟弱，道德總是孱弱，但人們理當也必須承擔自己的所作所為。從現在開始，這是小喵一個人的戰鬥。她需要正視自己、戰勝自己，扛起推卸已久的責任，為自己的人生掌舵。

不過戰士本人，顯得心不在焉。

人無遠慮，必有近憂。首先需要考慮的是長輩對抱孫子的期待。兩邊父母都在有意無意地提醒，這一點，小喵和丈夫心照不宣，對外一致掩耳盜鈴。

小喵有時也反感丈夫在人前的虛偽，參加朋友聚會時會摟著自己的肩膀為自己夾菜，回家就一聲不吭地視自己如無物，還不如丈夫去值班、出差、鬼混，這還落得清靜。

即便如此，小喵還在徘徊、猶豫。按理說，事情已成定局，再往前走也是死胡同，而我知道不破不立的「破」，需要非常強而有力的意志。

要走出迷局，得由當局者自己來。

這次，我仍舊讓小喵暫停諮詢，等她有不同想法時再來。我們都需要一個關鍵的轉折點，時間的作用不是改變，而是等待人們改變。

我不急，生活比我們有耐心，它等得起。

又是大半年，小喵不期而至。

出乎意料，她跟父母坦白了實情，並得到了包容和支持。

她以為父母知情後，自己要面對劈頭蓋臉的狂風暴雨。結婚兩年，肚子毫無動靜，越來越急迫的催促讓她走投無路——這終歸是步死棋，只能置之死地而後生，一吐為快。

多數父母平時對受傷歸巢的兒女會格外地好，還會小心翼翼地不去評價。這對老夫婦不見得能釐清事情的原委，卻一定會堅定地保護自己的孩子。

小喵終於走到了人生的最前線——提出離婚。

怎麼離？多久能離？這是接下來的問題。小喵擔心事情沒那麼容易，我建議她不去評論對方的性取向，只向對方的家庭陳述基本事實。

過程不必細說，雖然事到臨頭丈夫因失了面子不免耍無賴，好在對方家人還算通情達理，離婚事宜在我預計的一個半月左右塵埃落定。

回到父母的原生家庭，小喵回歸原來的生活，一面享受一個人的輕鬆自由，一面憧憬著未來的新生活，偶爾孤單，卻不改樂觀。

不到半年，她遇上了一位有過短暫失敗婚史的男人，他是一個脾氣憨厚、舉止笨拙但充滿奇思妙想的男生。

小喵生動的圓臉上開始有了幸福的光澤。又是半年，經過試婚（這對她真的有必要），這一對相互欣賞、彼此包容的年輕人舉行了熱鬧而簡樸的婚禮。這個故事，因為主角，從最初的一幕悲劇演變成如今的一齣「皆大歡喜」。

小喵有一次對我說，她原來認為我是燈塔，高高在上地指引方向，後來發現我是個燈籠，雖然一路都是黑的，但一路有我相伴，就那麼一點亮光，讓她最終走出了黑暗。

這是我聽過最美的比喻——在黑夜裡，搖搖擺擺的一點微光。

那天，我收到她的一條訊息：「看到別人在婚姻中掙扎，越發覺得自己當初真是做對了。我現在很好哦！嘻嘻，特別謝謝妳陪我度過那黑暗的時光。」

不謝。畢竟，我是燈籠嘛！

分手笑忘書

離歌是名工程師，一位「九年級」的年輕人，上週剛和女友栗子分手。他知道不可能再挽回對方，過去的五年光陰就此塵埃落定，但他還是邁不過失戀的門檻，於是來找我。

離歌和栗子從大學四年級開始談戀愛，栗子是南京人，畢業後選擇留在南京工作，離歌則回到老家。

這幾年他們愛得很辛苦，栗子的父母不同意栗子離開南京，而離歌去南京發展也不實際。畢竟，離歌的根基在老家，所擁有的各種社會資源也在家鄉。不說別的，父母幾年前已經給他買了房子，如果去南京發展，現在房價如此高昂，光房子就是無法解決的難關，離歌也不願讓父母負擔。

於是，二人始終僵持在這個問題上無法前進，改變不了現狀，也就注定分手。

雖然離歌曾以為栗子是他命中注定的那個人，但他還是永遠地失去了她。

離歌覺得，也許面對感情，自己注定是個失敗者。國中時，他暗戀隔壁班一個女孩兩年多，在畢業前夕，他鼓足勇氣給她寫了封信，還買了禮物，她卻全部請人送還給他。

他表面上裝做無所謂，其實別人的竊笑深深地刺傷了他。從那時開始，他就祈禱未來的感情不要再經歷磨難，然而，失戀卻與他如影隨形……

眼下，離歌沒心情上班，於是跟公司請了假。

一個多年的朋友不時過來陪伴他、勸導他，但他對什麼都提不起勁，就像是生了一場大病，甚至比生病還難過，因為無藥可救。

離歌自己也知道，一個男人這樣經不起挫折是多麼丟人、多麼慚愧的事，但他已經顧不得那麼多了。他知道現在最需要的是振作起來，他想，但他做不到。

五年的時光，難道能用一句話就一筆勾銷了？

離歌雖然心裡早已明白最終的結局，但還在堅持。可怕的是，栗子提出分手，似乎否定了他的全部，自信彷彿從那一刻就已離他而去——他再也沒有信心去面對任何一個女孩。

相愛五年未能修成正果，年少時的暗戀又慘遭拒絕，前後兩次「失戀」經歷，讓他覺得自己注定是個感情的失敗者。

這個結論事出有因，他會這麼想也在所難免，但還是有些許感情用事——比起離歌，愛迪生更有資格說自己注定是個失敗者。

既然一再失戀，我們就來好好探討：該如何解讀又該如何化解？

首先，兩次失戀的性質不同，應當區別看待。

大多數人都經歷過年少時的暗戀，其實任何時期的暗戀都是單向的，缺乏現實基礎，因而成功機率低。你有愛一個人的權利與自由，同樣，對方也有接受或拒絕的權利與自由，愛情在這一點上是公平、對等的。

暗戀時，我們常常自認為在感情上付出很多，期望對方最終有所回應。其實，感情的開始是自願自發的，愛了就愛了，不需要理由，更不會以未來對方是否應允、感情有無回報做為前提。所以，被人拒絕，不意味著你不夠好，也不代表你是個失敗者，只能說明你聽從了自己的內心，而她也聽從了她自己的內心。

至於鄰班女生的做法，我相信她可以有更好的選擇，但我又要如何去責備一個十五歲的女孩呢？回顧自己的中學時代，面對男生的好感，也有過幾樁含糊其辭甚至狼狽不堪的往事。事關「拒絕」，實在很難完美回應，遺憾的是，她的處理方式沒能妥善地保護他的尊嚴，反而給他留下了一片陰影，導致他日後面對感情挫折，態度不免顯得消極。

成年後的離歌，遇到了栗子，投入了一段真實的感情。五年的時光，不論好壞都無法一筆勾銷，他們曾經憧憬未來，卻礙於客觀因素，又囿於主觀意願，不得不畫上了句點。

事已至此，不必我多言，離歌自己已經確認結果，無力回天，那就說明了一個客觀事實——彼此不合適。

熱戀是強烈的情感過程，反過來，失戀同樣強烈。毋庸置疑，失戀包含大量的負面體驗，「彷彿大病一場」，而失戀還有一特性：每個人都可能遭遇，卻沒有人可以絕對倖免。

失戀既然是尋常之事，隨之而來的各種負面情緒實屬正常。感覺整個世界崩潰，生活跌入谷底，彷彿一切都已失控，再也無法恢復或者重新開始——這樣的感受並不罕見，但你必須知道這一切若持續下去，只會讓自己處在低谷然後失去更多。

合理的認知就好像心理的免疫力，能幫當事人度過心理危機，讓情緒止跌。

就是現在！離歌要告訴自己：我的感受糟透了，但這些反應很正常，我要花一段時間，大概兩、三個月，讓自己慢慢復原。

試著合理地看待失戀（這固然不會使你立刻興高采烈），它造成的傷害會減少，你的情緒會逐漸平復。

戀愛是為了什麼？為了收穫一份美好的愛情，找到一個相伴一生的伴侶，對未來充滿憧憬和信心。失戀意味著失去了一個不適合自己的人並確認了一段不能繼續的感情，阻絕了未來可能會發生更大痛苦與傷害的可能——所以，你真的認為，這是一個百分之百的壞消息？

人們對失戀還有一種看法：一段戀愛失敗了，就表示前面所做的一切努力都白費了。這麼想雖有道理，但不夠完整。

如果你不經歷一段戀情，你怎麼知道它會不會成功？如果你不去和一個女孩戀愛，你怎麼知道能不能和她一直相愛？如果你不真正勇敢地去愛一回，你怎麼知道愛是怎麼一回事？而愛又是什麼滋味？

感情畫上句號，但你親歷了箇中滋味，生命從此更加豐富。

追根究柢，生命是種體驗，沒有的買不來，擁有的丟不掉。當然，生命的滋味少不了苦澀。失戀會帶來一大堆討厭的感覺，其中一項是——我被否定了。

是的，失戀會讓人自卑，感到前所未有的挫敗，所以離歌說「似乎自信已經離我而去」。

對於把成功放在第一位的男性來說，這猶如一場災難，讓離歌就此一蹶不振。這種感覺沒有對錯，這般情緒情有可原，但這種認知就過於單純了點。

假設有個姑娘深愛著你，終於有一天她向你表白。可是流水無情，你對她一點也不感興趣，你會因為感動接受她嗎？你當然會拒絕。

她一定會非常失落，她可能像你一樣，認為自己沒有被選擇，就等於被你否定了她的全部，然後她再也沒有自信了……

如果，每個愛著你但你不愛或不能愛的人都認為你在否定她，更有甚者，認為你應該為她的挫折負責，難道你甘心買單？

離歌覺得整件事意味著對方否定了自己，其實對方否定的只是這段感情。

而離歌自己，不也同樣否定了嗎？

面對失戀，不管是怨天尤人，還是自責自殘都於事無補，反而會使自己掉進心靈的深淵。不如藉由失戀來成就自己，如洗禮般滌舊迎新，如新生般破繭成蝶，在真命天子或真命天女出現前，來個華麗轉身。

試著離愛遠一些

剛送走一位諮詢者，我接到麥子的電話。

麥子問我：「妳的手機鈴聲是什麼歌？我每次打電話來，聽到這首歌都會覺得非常安慰。」

我告訴她是周華健的《忘憂草》。

切入正題後，她說經過上次的諮詢，自己的情緒比之前平靜、穩定多了，周圍人也有同樣的評價。但她有種感覺，不知是否正常——她丈夫讓她感到噁心。

麥子的老家在四川，丈夫是本地人，兩年前他們從網路戀愛步入現實婚姻。為此麥子離家萬里，隻身來到這裡，跟隨丈夫創業——從實際角度看，麥子為此付出的更多。

半年前，麥子在丈夫手機中查到一些不堪的短信和照片，說白了，就是豔照。

對方是個二十歲出頭的女孩，在工作場合中與他相識，他們的感情關係絕非一朝一夕，已經發展得很深，他甚至在外租了間房供她居住，方便約會。

麥子留心配了鑰匙，循著蛛絲馬跡找到住所，開門一看，儼然是小倆口之家，裡面還有丈夫的日常用物和衣物，明明白白的半同居狀態。

麥子一個人站在這個不屬於自己的空間裡，心如刀割。

接下來，麥子用過所有能想到的辦法，一哭二鬧三上吊——不要批評一個女性的不理智（恐怕我自己遭遇這些，反應也會如出一轍），那等於否定這個性別、否認我們的人性。

麥子還說了所有她在這個情境下會說的話：我為你付出了多少多少，你當初是怎麼說的，現在怎麼可以這樣對我……等等。但這些話不僅毫無效果，還適得其反。

上次，麥子找到我時，已經度過了歇斯底里的階段，迫於現實，她開始冷靜下來，試著尋求幫助，想要運用理智梳理過去、決定未來。

麥子是聰慧的，悟性很好，兩小時的諮詢過程，她頗有收穫。

電話中，我告訴麥子，面對曾經背叛自己的伴侶——噁心，是一個人在這種情境中完全符合邏輯、順應心理的反應，先視它為正常，慢慢接納，才有可能漸漸消化。

我們的枕邊人，我們以為理所當然該接受我們整個人生的人，竟和另一個人睡在一起，袒露身體、肌膚相親，說著和自己才能說的話，做著和自己才能做的事……想想都讓人不寒而慄。當安全感徹底粉碎之後，接踵而至的是深深的厭惡與刺痛。這是不必經歷就可以達成的同理。

但是，停！「說著和自己才能說的話，做著和自己才能做的事」——不能嗎？真的絕對不可以嗎？這是誰立的規矩、道德或法律？

法律不能禁止和懲處這樣的行為，這是人權，雖然對忠貞者來說很不幸，實質上卻維護了我們所有人的權利。

道德，也許勉強算得上，但好比離婚和同居曾經是人們眼中的醜事——道德的內涵始終在不斷變化、調整，還需就事論事加以評判，它也絕非真理。

以上都不對，那就是感情。這回接近了，感情不允許我們的伴侶做這樣的事。只是這感情是我們自己的感情吧？

我們不允許對方與另一個異性擁有愛或性，這多少有些不合理，甚至也不那麼合情，因為我們參照的是自己的道理和情感，批判的卻是對方的行為。而對方的行為，難道不應該依照對方的道理和感情嗎？

他應該忠貞不渝，因為他是你的伴侶；他應該至死不渝，因為他給過你愛情。「應該」這詞兒聽上去多麼正確、絕對，又多麼令人窒息。

誰能告訴我，誰絕不會愛上誰？誰絕不會離開誰？誰的心能一成不變？誰不是有七情六欲的凡夫俗子？

如果我們能夠先把自己的伴侶看成一個有尊嚴、獨立的人，一個既高貴又卑微的生靈，一個時而分不清對錯或明知是錯還會去做的個體——這才是人，不是嗎？

把他視為一個人，尊重他生而為人的權利，並且也把自己看成與之相同的另一個人，或許能夠從紛繁蕪雜的感情中抽離片刻。

對方是個活生生的人，在全權主宰自己的精神，同樣也有權主宰自己的肉體。對於我們是背叛，其實對他而言，他是忠於自己某一刻的靈與肉。

主宰的結果有正誤利弊，主宰的權益歸屬則毫無疑問、沒有對錯。

當然，全權主宰意味著對應結果的所有承擔，在這一點上誰也占不到便宜，誰也不比誰更有自由。

而妳呢？也一樣，妳的付出與忠誠出於自願，妳的噁心與厭惡出於自然，因為妳在主宰自己的靈與肉。妳，在主宰妳自己，不因什麼人，也不為任何人。

妳或許會說我太理性了，但妳是不是覺得好受了些？是不是感覺獲得了一種相對平靜、柔和的力量？

的確，妳現在是有力量的，妳可以從容，可以自己決定自己的生活。更重要的是，妳現在是有尊嚴的，不再依附於誰。

雖然貼得那麼緊，我們還是要試著離我們愛的人遠一些，離我們的愛遠一些，離我們自己遠一些——因為靠得太近，會看不清。

讓我一天到晚聽《忘憂草》這首歌，我也會噁心。不過謝天謝地，人不是冰冷的思考機器，理性偶爾會讓我們的痛苦減輕。

當理智缺席情感

王海誠進門的第一句話：「兩年來，我沒有再和任何女孩戀愛過，雖然我知道今生已和她無緣。」

王海誠是旅館經營管理者，三年前，他剛來到這座城市時，沒料到將會有一場痛心疾首的愛情正在等待自己。

大學畢業後，他工作了段時間，去了親戚所在的城市。親戚是當地一家五星級旅館的副總，他憑著所學的專業在餐飲部謀得了一個職位。上班第一天，他就遇上了她──蓮。

蓮是餐廳領班，王海誠第一眼見到她並沒有什麼感覺，只覺得她成熟幹練，後來才知道她比自己大兩歲。

一個偶然的機會，同事們發現王海誠的生日和蓮是同一天，就拿他們起哄、開玩笑。蓮很大方地替王海誠解了圍，這件事讓他對她頓生好感。

之後，幾個同事一直慫恿王海誠去追求蓮。於是他開始用各種方法大膽地追求她，直到生日那天，他捧著九十九朵玫瑰，請她做他的女友。

不久，蓮搬到王海誠的租屋處，他們開始了朝夕相處的同居生活。蓮在技職學校畢業後就開始工作，想法比王海誠成熟，很會照顧人，那幾個月，他們過得很開心，以為生活會一直這樣幸福下去。

第四個月，蓮懷孕了。

之前他們一直說要避孕，但每回總是馬馬虎虎，直到這天，他們也欣然接受了這個小生命的到來。蓮說，現在的他們更像一個家了。

唯一麻煩的是，蓮懷孕的反應很激烈，根本沒辦法工作，沒兩個月就請了假。而王海誠要上班，沒辦法照顧她，匆忙地告知父母，想請媽媽從外地趕來幫忙。

王海誠原想等兩人感情穩定後再告訴父母，因此其父母並不知道有蓮的存在。結果，爸爸很不悅，認為他不務正業；媽媽則覺得蓮配不上自家兒子，從一開始就不喜歡蓮，當然不願意照顧她。

蓮感到自尊受傷害，也不肯討好王媽媽，每晚都在哭泣中入睡。王海誠夾在其中，不知該應付哪邊才好。

一個月後，王海誠回家時，忽然發現蓮不在了。原來蓮終於情緒爆發，和王媽媽大吵了一架後，收拾行囊離開了。

王媽媽也氣極敗壞，扔下一句「反正我不認她」便走了。

一整個星期，蓮的電話始終關機。

王海誠發瘋似地尋找蓮，終於在她的老家找到了她，而蓮回到自己父母的身邊，並瞞著王海誠做了墮胎手術……

蓮的父母對王海誠非常冷淡，認定他是個不負責任的人，蓮則淡淡地跟他說：「反正，你的家人和我的家人都不會祝福我們，也不歡迎這個孩子出生，所以我們就此分手吧！」

看著臉色異常憔悴的蓮，王海誠竟不感覺心疼，無話可說、沉默著轉身離去。

就這樣，他們分手了。從認識到分開，只有短短的一年。

之後，蓮辭職，去了另一間旅館工作。王海誠聽說她一直沒有對象，而他自己也沒有再交往新的對象。

這個城市不大，兩人卻再沒見過面。

有時，王海誠不免想，如果沒有父母的反對，他和蓮也許會過得很幸福。隨著時間的推移，這樣的想法越來越強烈，王海誠並不期望與她復合，只覺得造化弄人——自己已經和幸福擦肩而過。

乍看，這是傷感的愛情故事，兩人情濃敵不過兩家反對，觀眾不免替主角們扼腕抱憾。想像力豐富的人，或許已經在眼前浮現出傳統家長冷酷、專橫的形象來了。

仔細想想，非也。

兩個二十多歲的青年，在一年時間內，上演了一幕幕讓人應接不暇的人生悲喜劇——不期而遇，火熱追求，繾綣雙棲，意外懷孕。事情到此，如果奉子成婚則皆大歡喜，至少也走上尋常的人生道路。

然而，先前的甜蜜被懷孕後的侷促全然抵消，捉襟見肘之際，對外得不到家庭祝福，更引起內亂，情勢就此急轉直下。事實上，這段感情看似美好，一碰上現實的光就快速死掉。

至此，我浮現出一個疑問：感情早夭，「真凶」何在？

回顧過去，你也試圖找出答案——你認為罪魁禍首是家庭的壓力。也是，如果兩邊的家長都能理解、寬容並欣然接納你們，全力支持你們，也許今天你們會是幸福無憂的一家三口。

那麼，家長為什麼反對呢？是食古不化的死腦筋？還是固執己見的代溝？又或者這一切是事出有因而非無緣無故？

讓我們回溯這一年的光景，試著把脈絡梳理一下。

從邂逅到相愛，多少帶上幾分浪漫色彩，這過程無可厚非，而且讓人羨慕。一段愛情的開始往往需要感性的碰撞，之後，純粹感性的愛情開始融入現實，慢慢落地生根、發芽成長。

但是，我們會看到接下來的畫面像按下了快進鍵：「不久」你們同居，「第四個月」她意外懷孕，「兩個月後」你媽媽趕來，「一個月後」她離家出走，「一個星期後」她做了流產手術，「然後」你們分手。

多麼倉促的愛啊！用最短的時間完成了最多的蛻變，要怎麼不迅速衰敗？甚至，這不能冠上「愛」之名，因為它從未真正根植於生活，哪裡能開花結果？

再來想想，為什麼你的愛情沒能紮下根？

確定戀愛後，你們沒有花費時日相互了解，而是忙於品嘗「戀愛果實」，然後迅速同居。同居後，你們一味享受開心時光，缺少磨合，也沒做好長遠打算。

意外懷孕前後，你們毫無顧慮，不曾問過自己：面對這一個新生命，我們準備好了嗎？

當她需要照顧，你才想向家人求援，卻沒想過如何讓父母接受這突如其來的一切（想獲得家人的支持，你的行為也要能被他們認同）。

同居關係猛然演變成「婆媳」戰爭，無論是誰，都沒有心理準備，你的無奈、她的爆發都是必然。

兩人的感情遇到危機，她和你一樣都選擇躲藏回父母的羽翼之下，父母縱然難以理解兒女，你們彼此也沒有互相體諒，建立求同存異的感情基礎。

最後，一個小生命的消逝，更意味著在人生的關口你和她無法攜手共進，於是變成各自為政的局面。

最後，帷幕落下，無言的結局。

如果你問我，怎樣讓愛茁壯？我會回答你，請用理性澆灌；如果你問我，怎樣讓愛枯萎？我會回答你，請讓理智缺席。

愛情是場冒險，但真正的探險家會做好充分準備，以期能順利、成功。我們的主角不然，缺少關於當前的考慮、關於未來的規劃、關於自我的思考，從不三思而後行，一切以感性隨意的姿態，走一步算一步。就這樣，他們毫無保障的感情自然會止步於現實。

造化會弄人，但弄人的結局又有多少其實是我們咎由自取的呢？

年夜飯後，一家人圍坐著看春節電視節目。電話響起，我希望不是諮詢者，一看號碼，是徐大姐。

她告訴我，她朋友的姐妹今天喝農藥自殺了，不知道是為了什麼事。她說，別人不曉得，但她明白，有時候日子難熬，過不下去的時候，人就不怕死了……

等等，徐大姐，妳聽聽，有人死了，她周圍的人說什麼——肯定說那個人傻，好好的日子不過，到底有什麼事會讓人這麼想不開呢？

對吧！人家都這麼說，妳也聽到了。外人為她感到可惜，最難過的是她的家人，死了，人就沒啦！命拿多少錢都換不回來。

如果因為怕被別人笑就要去死，那更不值。妳死了，便宜到誰？外人不會負責，終究只是害到自己人。妳死了，我還難過呢！就為了我，妳也得要活著，我天天巴望著妳好，這妳是知道的吧……

掛了電話，我呼出一口長氣，告訴我媽：「是那個老想自殺的大姐，唉！我真捨不得她。」話一出口，我不由得失笑。這些話，任誰也不會認為說這話的是個職業心理諮商師，我敢肯定，我其他的諮詢者也想不到我會這麼說。

三個月前，徐大姐輾轉來到我的診所。

徐大姐生活在鄰近城市的鄉鎮中，四十多歲，國中畢業，家境殷實，育有一兒一女，丈夫為人誠懇老實，對她照顧有加。

少女時期，她先後交往過兩個對象：經人介紹和現在的丈夫相處了一段時間，分手後，她和另一個自己中意的男生交往，兩人嘗了禁果後，她覺得對方不成器，便與現在的丈夫復合，不久則因發現自己懷孕而奉子成婚。

二十多年前的往事，聽上去和時下年輕人會犯的糊塗沒什麼兩樣。我沒有狹隘的道德觀，不認為女性如此就是失足、失敗，身體是受人自由意志所主宰的，不管是女人還是男人，只是你做的選擇日後要能自己承擔。

事情就壞在懷孕時間點的模糊。

當年，徐大姐順理成章地結了婚，糊裡糊塗地生了孩子。但這孩子到底是誰的呢？多年來，有時她自我安慰，也算將困惑拋到腦後地安心過了段日子，但一想到家裡唯一的男孩可能不是丈夫的骨肉，就惴惴不安、愧疚自責，覺得對不起丈夫，也對不起孩子。

這個封存在記憶中的秘密，多年來不為人知。

然而，一次在和熟人聊天時，她失言告訴了對方，結果這樁醜事就此傳開。要命的是，往事已往，後果卻延續至今——做為當事人，本來相安無事，一旦秘密被揭穿，最壞的結果，可能用家破人亡來形容也不為過。

誰也不清楚究竟有多少人聽說了她的秘密？別人有什麼看法？會怎樣議論她？這些都不得而知。她百口莫辯，也不能去辯，本來生活安逸的她，迅速掉進重度抑鬱的漩渦。

這案例，難度最大的不是問題本身。徐大姐為人厚道、待人大方，是個好人，但她的年齡、性別，背景、環境、知識水平卻侷限了她。

同一件事，同樣主動的諮詢態度，如果發生在另一個對自我和生活更有自主意識的人身上，可能情緒反應不會這麼失控，應對方式也不會這麼失措，諮詢進展也不會這麼緩慢。

比方說，我不能跟她講「亡斧憶鄰」、「此地無銀三百兩」，因為她聽不懂——如果我把能脫口而出的成語變成一則三分鐘的故事，她可能還是無法完全領會。

其實，最經典的合理情緒療法比較適用於她的問題，但這種療法需要諮詢者具備一定的理解能力和思辨能力。

透過越來越頻繁的接觸，我發現，多種認知角度結合口語的措辭，加上高強度的情感刺激能使她有反應，就像點穴一樣。比如，心理投射使她草木皆兵，看見小店老闆娘沒對自己笑，她得出的結論是「她一定知道了」；看見門口的鞋匠對自己笑了笑，她得出的結論則是「他肯定是曉得了」。

我問她：「那什麼表情才是不曉得呢？」

徐大姐老實地說：「我好像看誰都覺得他們曉得。」

「那人家做什麼都不對啊！不笑也不好，笑也不好——這就難了，該怎麼做才是對妳好呢？

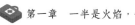

徐大姐，妳想，這恐怕是妳自己的想法出了問題，因為妳害怕別人知道這事兒，所以才會疑心生暗鬼，看誰都不對。」我這樣幫她解說了「心理投射」。

而她早先一直有自殺的意圖，我跟她說：「妳怕丟人就不想活，那等妳死了，事情肯定鬧得更大，到時候必定所有人都會知道，那妳不就更丟人！只是妳死了，妳什麼都不知道，也就不怕丟人了，但妳老公呢？妳孩子呢？」

「妳活著就是在保護妳的家人，保護妳最親的人，而妳現在活著比過去重要多了！妳千萬不能死，妳死了，我會難過。因為我覺得徐大姐來找我，結果我沒幫到她，我真是對不起她！」

「徐大姐，不要看我比妳小，我真要說句老實話，沒有人害妳，是妳自己和自己過不去！到底人家是能把妳怎樣？能殺了妳不成？說妳不好，妳就不活，那麼要妳的命也太容易了吧！只要笑妳、罵妳就行了。所以，妳要勇敢，臉皮要厚，怎樣就是要活著，而且要活得夠好，讓那些說妳閒話的人好好地看著！」

我每次跟徐大姐說話就會變了個樣，有時像絮叨的大嬸，有時像激動的潑婦。這表演其實很累。但這些話對她很有效，她也聽進去了，不停地、反覆地跟自己叨念，讓這些話支撐著她。

徐大姐時常感謝我，說我救了她的命，因為要不是遇到我，她可能已經喝農藥自殺了。她目前的狀況雖然說不上理想，但還算得上穩定，至少可以正常生活。

來說說農藥。

某人因家庭瑣事或鄰里糾紛而服農藥自殺，送醫後被救或不治的社會新聞，不時出現在過去報紙的新聞版面中，占據豆腐塊大小。做為讀者，你我見怪不怪，卻視若無睹。

調查表明，在發達國家中，男性自殺率為女性的二至四倍。但在中國，自殺者有以下一些特點：

女性的自殺率比男性高出百分之二十五。中國是少數女性自殺率高於男性的國家之一（其他國家還有科威特和巴林），而這項差異主要是由於鄉村女性的自殺率高。

鄉村年輕女性的自殺率又比鄉村年輕男性高上百分之六十六，而鄉村的自殺率則是城市的三倍。統計資料表明，百分之九十以上的自殺發生在鄉下，其中大多為鄉村中的年輕女性。

百分之五十八的自殺者會選擇服用農藥或老鼠藥，而百分之七十五的死者家中存放有上述毒藥。人口數和自殺比率使中國鄉村女性自殺人數長期居高。

鄉村、女性、農藥，幾乎是以前中國的自殺三要素。

鄉村婦女常服用強效的農藥自殺，因為在鄉村，農藥容易取得。面對自殺，在都市人考慮著要用割腕、上吊、跳樓、投河、燒炭哪一種方式時，鄉下人已經走進房間打開了農藥。

從過去的鄉村社會環境來看，在沉重的傳統桎梏之下，女性往往首當其衝地成為犧牲品；從群體特徵來看，鄉村女性教育程度低、認知有限、視野狹窄，抗壓性和應對能力相對較低。

當一名城市女性還存有生活動力和希望時，鄉村女性通常已經無力而絕望了。她們是一群絕望的弱者。

自殺是中國農村女性對於人生的主要選擇之一。細讀這句話，不難體會其中的荒謬和悲涼。中國農村具有矛盾的意象，既是一派恬靜的田園風光，又有三五成群好事者的眼光；既有樸實好客、夜不閉戶的民風，又有門戶洞開、毫無隱私的習俗；既有直接照射在臉龐上的陽光，又有上千年封建思想所投射的陰影；既滿溢著油菜花香，又充斥著蜚短流長。

這是病態的。

農村，並非世外桃源，反而是原始的人性被放置於更原始的環境；農村，至今是傳統思想的沃土，意識的愚昧和環境的嚴酷相互作用、相互助長、相互滋養。身處在其中，一個人的自我何在？該如何自處？又該去向何方？農村，從來不是道德的淨土。缺乏理性，使鄉間「醜聞」、「孽情」、「不倫」的發生率遠高於城市，甚至人們已司空見慣，關鍵只在於是否「被公開」。

一件被公開的醜事，意味著你將在漫長的時間中背負所有人不分青紅皂白、理所當然、肆無忌憚、袖手旁觀、冷血無情的議論、裁判、嘲笑、唾棄和指指點點。

舉個例子，如果一名女性被強姦了，她得到的不會是同情、安慰和幫助，而是眾人冷漠的好奇心，讓她將再次被所有人用眼光和言語「強姦」。但，這件事如果發生在別人身上，這名女性也會反過來成為「強姦者」。

人們，在強姦自己。這讓我感到不寒而慄。

徐大姐不止一次地跟我說：「妳不曉得，我們鄉下跟妳們城裡真的很不同。」我沒有切身體會，但我多少能感觸到那樣的冰冷、殘酷。

我們的鄉村生了病，欲醫苦無藥。

我無意指摘我所附屬的文化血統、我身處的時代社會、我的國家和同胞，甚至我自己也不見得高明到哪去。萬事萬物都在演變的進程中，從生到死、自弱變強、由盛及衰，唯有合理接納、耐心等待。

只是，有些改變，對時間來說只是一瞬間，對一個生命而言卻是一輩子。

徐大姐，我捨不得妳。

第二章

一半是孩子
一半是成人

決定現在，才有將來

白夜流火的問題是，他不想生孩子，這想法在他心裡有兩三年了，但他無法跟別人講。其實，他不是不想生孩子，而是不想和自己的妻子生孩子。

白夜流火已經三十三歲了，不是他不想要孩子，也不是他不喜歡孩子，他只是不願意和自己的妻子生孩子。他不知道自己有這樣的想法是否不正常，因而產生了疑惑。

說來話長，當年白夜認識自己的太太時，他二十七歲，她比他大半歲。

那幾年白夜的戀情一直不順。

白夜老家比較傳統，二十七歲不算小，兩個弟弟都結了婚，同齡的朋友們大多有了孩子，因此，父母整天嘮叨著想有媳婦。逢年過節白夜格外害怕回鄉，總覺得自己在家鄉抬不起頭來，壓力真有山那樣大。

白夜和她是相親認識的。她是家中的獨生女，工作是公務員，父親做生意，家境很好，自己單獨住一間兩房公寓。兩人認識沒多久，她就帶白夜回家見父母，而一個月後，她主動提出要和白夜交往。

爾後，白夜搬出宿舍，之後的兩年都住在她的公寓裡。當然，白夜從來沒圖過她家的錢，後來他們也自己買了房子。

開頭感覺還好，沒什麼矛盾，兩人正常地過日子。

過了半年，對方開始吵著要跟白夜結婚。白夜表面順應著，心裡其實並不情願，直到她父母出面質問他，他們才訂婚。訂婚後，又拖了一年才正式辦婚禮。

白夜總認為自己之所以同意結婚是覺得愧對她，和她在一起這麼久，耽誤了人家的青春，如果毫無理由地提出分手，他做不出這麼決絕的事。

新婚時，白夜曾以為自己愛她，現在這幾年過下來，他越來越清醒，對她也許有親情、有責任，但要講到愛情，總好像缺了點什麼——她沒有讓白夜覺得特別欣賞或眼睛為之一亮的地方，也從來沒有打動白夜的心房，簡單來說，對白夜而言就是缺少火花、激情、心動、來電的感覺。

正因為白夜不愛，所以無法想像和太太生孩子的景象，他懷疑自己會不會因此不喜歡這個孩子。而且，生了孩子就要負責任，假如他不喜歡這孩子，和她的感情又是這樣，他無法保證自己能對孩子多好。但白夜又覺得，渴望熱烈的愛情而希望孩子是愛情的結晶，這種想法是不是太理想化、太不切實際了？

白夜的太太和她的家人都很想要孩子，白夜的父母倒還好，或許是因為白夜兩個弟弟都生了男孩。

一個女人想要孩子完全可以理解，因此，白夜無法說出真實的想法，只說自己只想做個「頂客族」。

三年來，兩個人為生孩子的事一直僵持不下，現在矛盾越演越激烈，她的父母、親友也都加入戰局。

外在壓力越大，白夜內心的想法反而越強烈，他心裡也越發清楚自己絕對不會和她生孩子。為此，他儘量避免和她過夫妻生活、行夫妻之實，因為如果真有了孩子，事情只會變得更複雜。當然，他絕對沒有出軌一類的行為。

唯一幸運的是，去年他因為工作調派，去了相鄰的城市，一個月只需要回家兩次。這種事別人都退避三舍，白夜卻覺得是個好消息，他似乎解放了，也變得輕鬆了。

其實，白夜的太太還是很通情達理的，他從不覺得她隨便（即使她很快就和白夜同居），而她工作表現、為人處事都不錯，相貌也屬中上，但白夜就是不愛她。

白夜有時會聽同事、朋友講自己的老婆，但他從沒開口提過自己的太太，甚至，他有時還覺得自己像沒結婚一樣。

白夜常想，如果沒有生育孩子的問題，他們之間其實沒有多大的矛盾，或許能一路平靜地相處下去。但孩子終究是白夜過不去的關。

不久前，白夜提出離婚，太太不願意。雖然白夜不愛她，但不代表白夜不關心她，白夜也擔心這樣繼續下去，總有一天還是會離婚，那時候的她年齡更大了，想生孩子也更難了，這樣自己不是拖累她嗎？一個女人，這年齡要再婚也不容易，也不知太太還能不能碰上合適的人？

反過來，白夜也猶豫著，假如離開了她，自己還能不能找到愛情？又會遇到什麼樣的女生？或許，還不如她。這也是一直困擾白夜，使他難以下定決心的原因。

昨天，白夜想發一封長長的簡訊，內容含糊，主要是說不想耽誤她，最後一句是「我真心希望妳能幸福」……但是，他因為猶豫，沒有將訊息送出，而他始終無法做出決定。

不想生孩子的白夜，其實並不是真正的「頂客族」，他就只是不想和現任妻子生孩子，因為他並不愛她，他認為孩子應當是兩人愛的結晶，生了孩子就要對孩子負責，無愛的家庭對孩子難盡責任，因此，他打定主意不和她生。

如果不生孩子倒也能平靜地過下去，可是事與願違，因為她想要孩子。這情況就複雜了，傳統家庭的內戰讓人不得不面對，她的年齡也無法無視，白夜不願耽誤她，因而決心離開。

我負責任地說：「絕大多數人，都會出於天然的親情疼愛自己的孩子，這和是否愛自己的伴侶沒有絕對的因果關係。然而，不和諧的家庭對孩子的人格成長、生涯走向確實有弊無利。有愛的父母、缺愛的家庭，這兩者間的矛盾，確實讓人糾結。」

孩子真是愛情的果實嗎？這是比較理想的情況，但客觀來看，孩子是種族繁衍的結果。另一方面，愛情也只是婚姻動機之一，很多婚姻並不會或不主要建立在愛情上，比如白夜的婚姻。

因此，事無完美，不以個人意志為轉移，與其說白夜理想化，不如說白夜是在追求理想的路上。

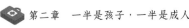

白夜疑惑自己不願生孩子或者不願意和自己的妻子生孩子的想法是否正常，這並無對錯，這是他的權利，是他的自由意志，也只有他有資格去動搖或修改。

綜上所述，白夜完全可以繼續堅持不生孩子，不管是出於什麼原因。但，這結論顯得有些單薄。

孩子生與不生，白夜已經打定注意，至於，和她是否繼續，他卻還在猶豫。

先來追溯根源，回到事情的起點吧！

白夜覺得「和她結婚時曾經以為自己愛她」，其實不然。和她結識前，白夜戀愛不順、年紀不小、父母著急，壓力大，而她的出現解決了白夜的問題。她的條件不錯，和白夜發展迅速又穩定，白夜自然樂觀其成。

不過，這不是無償的，成本遲早要付，那就是承諾——婚姻。

從同居、領證到辦婚宴，三年裡有兩年半都是她在催，白夜在推。換做是我，此情此景，會細細思量，慢慢斟酌。然而我也明白，越是得不到的，人們就越想要。

其實，如此的不情願和被動已經說明，當初你就不愛她。結婚也如你所言，是不想「愧對」她，驅於道德感，這變成了真心與顏面的博弈。

有時，道德與偽善只是一線之隔，但我無意譴責，畢竟你是用你的人生做抵押。

幸福的家庭都是相似的，相愛、互信、合作、互諒；不幸的家庭也各有各的不幸，因為少了上述滋養，猶如雜草叢生的荒地，不知會長出什麼東西。

婚姻是兩個人的，綁在一根繩上，你們的勝算都不高。

如果是一對有感情基礎的夫妻，我會建議調整認知、繼續嘗試。很可惜，起初不愛她的你，也沒能在後來的婚姻關係中找到「火花」。和同事相比，你從未自然而然提及自己的妻子，反而感覺自己還像單身漢，對於調去外地工作，還能發自內心地說「解放」。

「如果不是生育孩子的問題，我們之間其實沒有多大的矛盾，能一路平靜地相處下去」，你這麼想，我可不覺得樂觀。

孩子，勢必會出現在某個關鍵點，而孩子會是你們婚姻隱憂的秋後算帳。她要孩子，不僅是因為想做個母親，還想驗證你們之間的愛情、穩固你們之間的關係、做個被你疼愛的女人。

而你，給不了。

她的年齡不小，女性過了三十五歲，受孕機率會下降百分之七十五。你不能愛她，也不能讓她做媽媽，你就別再耽擱她。她的未來好與不好是未知，但我們清楚知道的是，你無法讓她好。

過去沒能擔當，現在，命運給你機會。與其再次愧對，不如勇於面對，趁一切還不算太遲。一直受制於面子、責任、道義這些又沉重又飄渺的玩意兒，如今也該跟隨自己的真心了。只是你的真心，尚有雜念——「離開她後，我能不能找到愛情？又會遇到什麼樣的女人？也許還不如她……」

這種想法不怪你有，人總是活在權衡利弊之中。但以上種種，事到如今，你不覺得這是你的自私、你的貪心嗎？一如在婚姻的開端，你就現實功利著，一路走來，反而得不償失。當你要得太多時，你就會什麼都得不到。

「我真心希望妳能幸福」，這話說得漂亮，但全是站在你的立場，不願放手的她又要如何領受？

「決定現在，才有將來。」我這樣說。

後來，白夜流火告訴我：「現在我覺得自己放開了，不再糾結，確實，決定現在，才會有將來。對於未來會發生什麼，我不可能預知，更不可能控制，但對於現在，我可以，所以我不會再拖下去，不管前面有什麼困難我都會去面對的。畢竟，男人要有擔當！」

原生家庭的痛，新生家庭的傷

麥穗第一次來，她跟我講了一個很長的故事：

在我五歲的時候，父母離婚了，原因是父親有了外遇。

在我最初的印象中，父親是很疼愛我的，好像什麼都買給我，但離婚後不久他和那個女人組成新家庭，又生了一個孩子。此後二十多年，我再也沒見過他。

媽媽生性要強，一直獨身，就這麼一個人把我帶大。她很疼愛我，但她有時會一邊在我面前流淚，一邊說父親有多麼狠、說男人有多麼壞。那時候的我還小，對她的話似懂非懂。上了國中後，我漸漸懂事，也開始有自己的想法，對於她的論調，我覺得她既可憐，又覺得很反感。

我的成績一向很好，但高三時我和同班的一位男孩偷偷談起了戀愛，最後考試結果不理想，上了一所私立大學，對自己感到失望。

大學生活我過得渾渾噩噩，簡直可以用墮落來形容——我不斷戀愛，想藉此麻醉自己。媽媽那時已管不了我，她曾去找過父親，想讓他和我談一談，但被父親拒絕了。

畢業後，在找工作的過程中，我才忽然醒悟，該回到現實，並開始收斂自己。我現在的同事們都不會相信我曾經那麼豪放不羈，反過來，我的大學同學大概也不會相信我如今會中規中矩。

在朋友聚會上，我遇到了岸，後來他成為了我的先生。

岸是個穩重內斂的人，看起來讓人很有安全感。初見面時，我就對他很有好感，因此當他向我提出約會，我沒有拒絕。而我們真正確定關係，是在某次交談之後。

有一次，岸向我說起他父親在他年幼時拋棄了家庭，和我一樣，他也是媽媽一手拉拔大的，看得出來他很憂傷。相同的經歷拉近了我們的距離，我們很有默契地不去觸動對方的傷心處，又加倍地對對方溫柔體貼，不到一年，我們就結婚了。

婚後的生活比我想像得更順利、平穩，我們的媽媽都很滿意這樁婚事。結婚不久，兩個老人家便開始催促著我們說想要抱孫子，還用了各種方法旁敲側擊。

但我一想到孩子就充滿恐懼，這是種說不清的深沉恐懼。我不知道我們是否能繼續幸福下去？也不知道自己未來是否能保證讓這個小生命過得幸福……

有次，我和他談起這件事，他竟也有相同的感受。

不生孩子不可能，生孩子又無法面對、無法承擔。是我們還沒有做好準備？還是我們不可能做好準備？我不知道了……

麥穗的故事講完了，在我多年的諮詢經驗中，嚴重缺失安全感的諮詢者，幾乎可以用「俯拾皆是」這個不恰當的成語來形容。

究其原因，大致有兩種：他們幼年時曾受到父母、他人有意無意的傷害；他們生長在不和諧的家庭，雙親有失敗的婚姻。

原生家庭的不幸，父母的處理不當，勢必遺禍子女，致使子女內心缺乏安全感，在青少年時期容易發生早戀、反叛，成年後則難以與異性建立穩定、互信、安全的關係。

做心理諮商這行久了，有時我覺得自己像個算命的，對方還沒有具體表述，我已經暗暗卜了一卦，只等應驗。

這一卦，透過麥穗的經歷也應驗了。

麥穗目前的婚姻，看似兩情相悅，實為同病相憐、相互取暖。這麼做如果有效，麥穗早已和岸快樂地生活下去，並隨時等候著小生命的到來。

「彼此很有默契地不去觸動對方的傷心處」，實質上是在迴避，迴避對方的傷心處，更是迴避自我，迴避早年遭受、無法彌補的心理創傷。這創傷生根在過去，卻不知不覺地於現今的「幸福生活」中破土、發芽、生長……

逃避絕非解決之道，不然何需再逃。想要消弭傷害，得先面對傷害。

說到這裡，我們要了解兩個概念：「原生家庭」和「新生家庭」。前者指自己生長的家庭（父母的家庭），後者指自己組建的家庭（子女的家庭）。

我們通常會先後生活在這兩家庭中，故二者的關聯尤為重要。前者的氣氛、思想、習慣、互動模式、角色定位等，都會如影隨形地伴我們進入後者，影響我們在婚姻家庭中的表現。

我們若身負未解的結，往事未往，便留待「秋後算帳」。

這樣並不是鼓勵我們將問題歸咎於原生家庭，而是鼓勵當事人去正視問題。

有時我們會發現，上一代的問題猶如「遺傳」在下一代重演，甚至有人稱其為「詛咒」。這其實就是原生家庭所遺留下來的問題，傷痛未必重演，但會不自覺地被繼承。

若以此理論來解讀麥穗，至少可以看出以下幾點：

1. 擇偶滿足了麥穗在原生家庭中未了的情感需求——「他是個穩重內斂的人，讓人很有安全感」。
2. 母親對婚姻的評價影響了麥穗的價值取向——「我不知道我們是否能繼續幸福下去」。
3. 雖然母親獨自扶養麥穗成長，但麥穗的想法、態度卻刻意與之相反而矯枉過正——「一想到孩子就感到恐懼」、「生孩子無法面對、無法承擔」。

要解決困境，除了要檢視原生家庭所帶來的影響外，還要學著擺脫它。

母親是每個人生命中最重要的人，也是我們最親近的人。麥穗和岸要先尋求母親的幫助，與她一起分享，請她一同分擔。

兩人需要與各自的母親進行一次坦率的深談，告訴母親自己的恐懼與擔憂，取得雙方的理解與支持，與母親一同回憶父親、一同回顧過去，詢問母親對自己婚姻的看法以及對獨自撫養子女的體會。

不論麥穗和岸原來怎樣看待媽媽（在沒有得到驗證前，常常只是我們自己想當然的解讀），經過這番交談後，可能都會聽到全然不同的見解和思路——其中必定蘊藏著什麼，也許是痛苦和失望，也許是信心和力量，而誰知道呢？

接下來，輪到麥穗和岸交談。

這次別再迴避了，那些隔靴搔癢的安慰，對兩人毫無幫助，反而只會把彼此變成弱者、變成逃兵。分享彼此所有或好或壞的記憶、或深或淺的悲傷，真正做對方的知己。然後，相互撫慰、相互鼓勵，這樣兩人才有可能並肩前行，追尋幸福。

第三項功課則是麥穗和岸一起拿出紙筆，分別寫下兩張清單：「有孩子的利」和「有孩子的弊」。把考慮到的都包含進去，之後逐一自問，那些美好的部分自己有期待嗎？而最壞的可能性自己敢承擔嗎？

如果大多數答案是肯定的，恭喜，你們可以把這兩張清單貼在冰箱門上了。

生命需要冒險精神，何況成為父母是人之常情，此行的風險沒那麼高。

人生無法排演，時間不可逆轉，命運充滿了無窮未知，未知則意味著無限可能。有什麼理由說父母就等於你或過去就等於未來？

麥穗，象徵著豐收，這是多麼好聽的名字。

做個「難不倒」的媽媽

也許當了媽媽就注定要開始煩惱，只不過不同的孩子有不同的問題。荼蘼的苦惱是她的孩子不太會說話。

兒子逗逗現在二週歲〇五個月了，周圍同齡的孩子都牙牙學語，幾乎都會說出不少簡單的詞彙，甚至還能說出一整句話了，逗逗卻只會極少數的單詞。

有次荼蘼認真地給兒子計算，發現逗逗連十多個常用的詞，比如爸爸、媽媽、車一類的，發音都不清楚。加上逗逗不愛開口，試著跟他對話，他好像都聽得明白，就是不肯說。

每次帶逗逗出門，遇到年齡相仿的孩子，看他們自然、大方、流利地講話，荼蘼就覺得既難過又丟臉，還得跟別人解釋，好像逗逗哪裡不如人似的。

雖然會有人安慰荼蘼說：「貴人語遲。」但也會碰到說話直接，甚至難聽的人。上次帶逗逗去公園玩，有位老婆婆在旁邊看了半天，竟跟同行的人們議論著：這孩子是不是個啞巴……

老人家說話聲音大，荼蘼聽了，眼淚都快掉下來。

表面上荼蘼顯得滿不在乎，其實一直為這事兒心煩，有一陣子她覺得兒子是不是以後都不會說話了，而先生總說她瞎想。

荼蘼也看得出逗逗不笨，反應挺靈敏的，心裡也知道意思，就是不太說。荼蘼還給他檢查過聽力，似乎也沒有什麼問題。

有位同事說，孩子不說可能是因為荼蘼家裡的口音太雜。爺爺、奶奶講閩南語，阿姨說話會夾雜英文，先生和荼蘼則是一會兒說國語、一會兒說閩南語，可能因此造成了影響。

荼蘼兩口子早出晚歸，在家的時間短，孩子基本上都和老人家待在一起，他們不大會跟孩子交流，只曉得要給孩子吃飽穿暖。

拋開這些因素不談，逗逗說話確實晚，快兩歲了還不太會說，直到一個月多前才真正開口。他第一次說的比較清楚的是「爸爸」，這讓荼蘼兩口子激動了好久。

荼蘼看了不少育兒書，試了各種辦法想教他說話，效果都不明顯。她一直用鼓勵的方式，儘量不對逗逗發火，急了也只會抱怨或唉聲嘆氣。孩子也會為此難過，好像知道自己惹媽媽不開心了。

荼蘼來找我的時候，我不得不在心裡承認，雖然身為職業心理諮商師，在有孩子之前，我很少關心嬰幼兒心理。等我生了林懇後，才發現書到用時方恨少，時不時得找書，對照著小傢伙研究一番，有時取經、有時求證、有時檢驗。

那些理論果然閃耀著智慧的光芒，確實真知出於實踐。

我得承認，我跟荼蘼一樣，都是個會操心的媽媽，如荼蘼所言，當了媽媽免不了各種擔心。孩子在不知不覺之中長大，問題花樣百出，令父母難以招架。究竟該怎麼處理我們的擔憂呢？辦法之一是遵循「科學辦法」——了解孩子相應階段的心理與發展規律。以下列出一些有關嬰幼兒語言發展規律的心理學知識，方便我們用來對照孩子的表現：

一、語言爆發期、命名爆炸期

一歲到兩歲為「語言爆發期」，一歲半到兩歲為「命名爆發期」。嬰幼兒開始渴望知道各種事物的名稱，通過不斷習得詞彙來學習語言，特別是在此階段，他們能迅速習得名詞。

二、個體發展存在差異

幼兒發育的進展是不均衡的，有某些方面快，就會有某些方面慢。不同個體的情況不一，還會受到環境因素的影響。

到了兩歲還不開口的孩子，儘管不能表達自如，仍會默默記憶、儲存詞彙，一旦條件成熟便會爆發、湧現。一般來說，到了四歲，幼兒的差別，基本上就會消失了。

三、男孩語言發展較晚

由於男性激素對左腦（控制語言）的發育具有抑制作用，男孩的語言發育晚於女孩。此外，社會性技能也遜於女孩。

四、從形象思維到抽象思維

出生八個月後，嬰兒開始形成形象思維；一歲左右會開始有歸納能力；到了一歲半，嬰幼兒則會對周圍事物進行分類，此時便會出現抽象思維，而語言就是以此為基礎的。

五、理解先於語言

人類的理解能力是先於語言能力發展的，嬰兒首先理解大人所說的意思，隨著生理的不斷成熟，說話能力會逐步提高。有時孩子還不會說話，但已明白你在說什麼，也會做出相應的反應。

六、如何測試孩子的語言發育狀況

1. 讓嬰幼兒取來眼前沒有的某樣物品，看他是否能順利拿來。
2. 遇到環境變化或看見稀奇事物，嬰幼兒是否會以動作、表情告之。
3. 大人說話時，嬰幼兒是否會看著對方的眼睛。
4. 大人說話時，嬰幼兒是否會點頭表示明白，或是聽到有趣的話，是否會格格大笑。
5. 除語言外，嬰幼兒在運動、情感方面是否發育正常。

就算還不太會說話，大部分一歲半以下的孩子都可以做到上述的行動。

只要發育正常，孩子說話早遲、說話量多寡都不那麼要緊。在嬰幼兒的語言發育過程中，重要的是媽媽（或其他主要撫養者）和孩子之間是否建立了密切的心理關係，通過這層關係，孩子能保持樂於交流的欲望，並懷抱體會探索世界的樂趣。

雖然存在個體差異，絕大多數孩子大致符合以上發展規律。

以我兒子林懇為例，他屬於語言發展較早的孩子。在他一歲半時，我給他做過記錄，當時他會說並能理解兩百多個詞，其中名詞占一半以上，而且大部分詞彙都是在他一歲後才獲得的。

他會從一數到十（中間總是漏掉四和六），而跟他年齡相仿的一個小女孩則已經會從一一路數到二十九。

結合逗逗的性別、家中的環境口音雜、和長輩相處的時間久、與父母交流的機會少等各種因素，確實在一定程度上影響了他的語言發展。但也能看到，逗逗「到一個多月前才開口」，就這一個月，他的詞彙量已經超過了過去兩年。

「貴人語遲」是句安慰話，倒也能舉個好例子來證明：作家老舍到了三歲，還不會走路，也不會說話，這算不算遲呢？但是，人家是大文豪、知識份子。這固然是個案，卻能說明語言發展因人而異，與智商、個人成就並沒有絕對的關聯。

當嬰幼兒的某些表現不盡如人意，首先要研究問題出在哪兒，是孩子的個體特點、父母的教養不當、還是客觀的必經之路？

然而現實中，真正能做足功課並著手解決問題的父母少之又少，往往一味看不得孩子的「不是」和「不好」，只希望他有最佳表現——如果孩子表現不佳，就覺得「難過又丟臉」。

我理解這種心情，畢竟我也是個母親，難免會覺得孩子從「裡子」到「面子」都和自己息息相關，而這是每個華人父母都要努力突破的。

事實上，我並不擔心逗逗不會說話（只要身心健康，說話是最無師自通的），反而擔心這位媽媽過於焦慮。

母親寄託了一個人生命最初的安全感，在我們的人格發展進程中扮演著不可替代的角色。佛洛伊德說：「一個為母親所特別鍾愛的孩子，一生都有身為征服者的感覺；由於這種成功的自信，往往可以導致真正的成功。」被母親接納的孩子，往往擁有良好的自信與樂觀。

母親的情緒對孩子有很深的影響：母親焦慮，他會隨之焦慮；母親放鬆，他會跟著放鬆；母親篤定，他會同樣篤定；母親沉著，他會學著沉著；母親接納孩子，孩子就會接納自己；母親相信孩子，孩子就會相信自己。

雖然荼蘼一直採取鼓勵的態度，但過分關注的潛臺詞就是「否定」。雖然她儘量不直接對逗逗發火，但孩子小小的心裡一定明白——媽媽因為我很著急，媽媽因為我不開心。

荼蘼用了很多方法希望能立竿見影，孩子反而越發不自信和不敢作為。荼蘼自己承受著挫敗感，對孩子失望，孩子和母親的感受如出一轍，也感到挫折，覺得自己總是令人失望（兩歲的孩子已經可以體會到非常細微的複雜情緒）。

經過母親的「努力」，說話這樁每個人都能學會的事，到孩子那裡成了人生最大的障礙，怎能不難過呢？

把說話還原為最自然的事，和孩子在日常生活中隨意地保持交流，不去刻意討論和評價「說話」，忽略孩子的表現，說的不好沒關係，說的好也正常，給孩子創造放鬆的環境。

如果要交流，就簡單而有力地告訴他：每個人長大了都會說話，媽媽相信你。做個「沒什麼大不了」的媽媽，堅持幾個月之後，妳再來看效果。

做媽媽難，難在要有「難不倒」的姿態。

兩個月過去後，荼蘼傳訊息給我，表示逗逗願意開口了，已經能說一些短句了，雖然口齒尚不是很清楚，但她完完全全地放下了心。

我想，父母對孩子真的應該多給一點信任——相信他們的生命力。今後，我也要爭取做個從容的媽媽，在孩子的人生路上，不斷給他信心和勇氣。

幼兒教育誰來教

來諮詢的人們，什麼類型的問題都有，還有帶著娃娃的媽媽，比如阿貝媽媽。這位三十一歲的媽媽，帶著剛滿十八個月、走路還搖搖晃晃的可愛女兒來找我諮商。

問題也頗具代表性，就是關於幼兒教育。

一歲半的孩子，應該常常帶她出去看看，但阿貝的父母工作都非常忙，到了假日還得忙於各種家務，家裡請的阿姨也就是每天帶孩子下樓在社區裡轉一圈罷了。

阿貝是獨生女，在家沒有玩伴，阿貝媽媽發現周圍差不多大的孩子，竟然大部分都去托兒所了。於是阿貝媽媽開始琢磨，該不該讓孩子去托兒所。

有個很肯定托兒所教育的朋友對阿貝媽媽說：「把孩子送去托兒所，畢竟有老師教導，多少能學到一點知識，也能讓孩子和其他孩子一起玩，培養良好的人際關係。」

「上過學的孩子也會顯得大方、懂事一些。再說，孩子在家跟著老人家或者其他親戚也學不到什麼。即便是父母本身，可能也沒有幼教老師有方法。」

於是阿貝媽媽就去了解了一下情況，才知道托兒所的費用並不低廉，但是別人家的孩子都去了，如果家裡條件允許，當然也不能虧待自己的孩子呀！都說孩子年紀越小時的潛能越大，如果錯過了，若是影響了今後的發展，到時想補也補不回來了。

不過，阿貝媽媽還是很猶豫，幼兒教育真有那麼神奇嗎？有些上了托兒所的孩子，也沒有表現出什麼特殊之處，自己小時候連幼稚園都沒有去讀過，還不是照樣長大成人了？

看著女兒的笑臉，阿貝媽媽實在不想讓她太早就承擔太多壓力，也許讓孩子按自身規律慢慢長大、順勢發展？又或者這樣的做法其實是錯的？真的會對她不利？或許就這樣荒廢了她最好的學習機會，限制了她將來的發展潛能。

關於幼兒教育，我也不是專家。正如阿貝媽媽所言，「我們小時候連幼兒教育這概念都沒有過」，她是「七年級生」，我則是更老的「六年級生」，我們都沒有接受過標準意義上的托嬰或托兒教育，但其實我們都曾經有意無意地被進行過幼教。

在我們還是嬰兒的時候，家人就開始按照祖輩流傳下來的方法為我們啟蒙，加上他們不自覺的創新，雖然他們幾乎都不具備相應的知識體系。

其中一些方案也不無道理，確實順應了小生命發展的規律，更好地幫助我們長大。當然，後續問題也不少。

總之，讓我們先弄清楚幼兒教育的概念吧！

嬰幼兒時期是人類神經系統發育最快的時期，此時豐富的環境刺激與學習機會會促進大腦的發育，從而開發出各項潛能。

幼兒教育其實是終身學習概念的開端，在孩童出生到六歲的階段，根據嬰幼兒生理和心理的發展規律，結合敏感時期的特點，進行針對性的指導與培養，為其智慧和人格發展打基礎。

時下給孩子上托兒所的家庭不在少數，但家長大多對幼兒教育的概念缺少完整清晰的認識，並帶有諸多誤解：

其一，很多父母認為幼兒教育是托兒所或幼稚園的任務，只要把孩子送去上學就大功告成、天下太平了。事實上，家庭教育堪稱是幼兒教育中最關鍵的環節。人的智力和心理是先天遺傳與後天環境交互作用的結果，家庭也是一個人成長過程中最密切的後天環境。說白了，父母（或其他主要養育者）的責任、影響力最大，所以雙親才是實施幼兒教育的主體。

父母要先「自學」，有意識、目的地提高自己的認知水準和心理素質，了解相關的心理學知識，學習合理妥當的教養方式。舉例來說，了解敏感時期的概念就能理解孩子在某個年齡段可能會出現的問題（如執拗敏感期）並掌握孩子發展的契機（如語言敏感期），往往事半功倍。

其二，幼兒教育的目標常被看成是讓孩子掌握某種知識或某項技能，然而，這些內容，孩子會隨著年齡增長而自然習得，最終也不再「稀奇」。同時，過分功利的幼兒教育也會給孩子帶來負面影響，造成孩子焦慮、厭倦、浮躁、虛榮，從而抑制了其自身發展。

實質上，能力、智慧與人格、個性的培養才是幼兒教育的最終目的。換言之，要讓孩子自主地探索世界，對世界懷抱探索的興趣，他們才更有能力去適應社會。

其三，幼兒教育的範疇並不僅限於托兒所（可將其看成是種較有系統的補充手段）。多元的方式和場所可以更好地促進孩子語言、智力、藝術、情感、人格和社會化等方面的發展。

在室內的親子遊戲和閱讀，在戶外的親近自然和旅遊，在公共場所的人際互動和參與，都不失為接觸世界、開闊視野的良方與時機。日常生活中，有很多可以和孩子一同前往的地方，所以不妨帶孩子去博物館、音樂廳、公園等，到各處走走、看看，耳濡目染是很棒的啟蒙。不要認為孩子還小就什麼都不懂，相信自己不如相信孩子的靈性。

生活中處處有學問、時時有精彩，做一對善於發現、善於感知的父母就會培養出善於發現、善於感知的孩子。

說了這麼多，幼兒教育是誰的事？幼兒教育又是為了什麼？相信阿貝媽媽也明白了。孩子像小樹一樣，從發芽到茁壯，時時刻刻都在汲取養分，談何荒廢？孩子像花朵一樣，各有各的花期，耐心澆灌直到嫣然綻放，不過遲早而已。

我們總會聽到很多父母會說自己「工作太忙、不懂教育」，這是事實，但不是逃避責任的藉口。

養兒育女的責任重大且非常特別、非常珍貴。在小孩的心目中，父母是可以無條件託付、信任的對象——除了孩子，有誰生來就會這樣看待我們呢？

身為父母，其實是上天給我們的一次機會——再次接受啟蒙，與孩子一同成長，而這之中重要的是——現在就去做。

最後，我能感受到阿貝媽媽潛在的焦慮和內疚，覺得自己對孩子的付出不夠多。老實說，我也常會這樣想。不過，我會告訴自己：世上沒有不會犯錯的父母，也沒有絕對完美的父母。我們不是最好的，但我們是最努力的，對吧？

地震・童殤

二〇〇八年五月二十三日，汶川大地震後第十二天。

記者找到我，說有個來自災區的孩子隨著家人投奔揚州親戚家，想請我幫忙做個心理輔導。他們之前接觸過這家人，發現大人每次訴說時都會哭，但這孩子卻始終沒有眼淚。他幾乎不開口說話，表情麻木，情緒漠然，迴避與他人的交流。

聽起來，這孩子可能出現了創傷後壓力症候群的相關症狀，也可說是患上延遲性應激反應，這是指在遭受強烈的災難性精神創傷事件後，延遲或持續出現的精神障礙。多數人可以恢復，少數則會轉為慢性，持續數年，最後可能會導致其人格改變。

我很猶豫！一來，我隔天有場簽名會，現在還有一堆準備工作要處理（後來果然出了問題，不提也罷）；二來，我很少有機會接觸創傷後（災後）心理危機輔導相關案例。這是個獨立的課題，技術難度很大，還存在著許多禁忌，處理常見案例的一流諮商師都未必能勝任，萬一弄巧成拙，反而害人。近來一直在關注心理輔導方面的問題，也特別給自己惡補相關課程，現在進行心理輔導，時機似乎是適宜的，但是越了解其中的風險，越覺得擔心。

在一個燈光昏暗的房間裡，我和這個當時上國中一年級的孩子以九十度角相對坐下，並請人倒來兩杯水。

將門關上後，這間屋子頓時籠罩在黑暗中，在黃色的燈光下看不出他的膚色，只感覺得出他是個樸實的少年，但缺乏這年齡的活力。他身體僵硬，表情木然，目光基本上只注視地面，偶爾會很快地瞄我一眼。

我向他介紹了自己，開始慢慢和他聊。稍微熟悉一點後，我問他是否有些話從來沒有說過，如果他願意，可以告訴我，我願意聽。

他開口說了一些，我繼續詢問，並徵求他的意見，他又說了一些。我重複他的話，以便使他感受到被理解的安慰，另外一層用意，是為了確認我沒有聽錯。

他的口音較重，我聽不太懂，有時完全得用猜的。這讓我不免感到吃力，好像在和一個語言不通的外國人談話，但卻要解決一項重大事宜。

我說的時候，他多半低頭答「嗯」。等到他想說時，他才會望著我，眼神不安，說得很快，想要一口氣說完似的。

我保持前傾的姿勢，一直注視著他。他斷斷續續地告訴我，他很害怕；他不想跟人說話，因為他覺得說了更害怕——大樓裡的鄰居，兩個死了、一個失蹤；他看到很多殘缺不全的屍體，有的缺了手臂，有的少了半邊，有的還沒有頭；很疼愛他的阿姨們都死了，他也擔心失蹤的爸爸，而他的爺爺去年去世了，臨走前要他好好讀書，所以他一直有個心願，想要為爺爺燒紙錢，但現在不知道什麼時候才能回去，他也非常想念、擔心他的同學。

我試著幫他說出一些感受。

我問他是否總是感到害怕、不安，會睡不好覺、做惡夢、常常半夜驚醒；我問他是否會有些可怕的記憶不時在腦海中浮現；我問他是否擔心未來還會發生這樣那樣可怕的事；我問他是否希望這一切從來沒有發生過；我問他是否覺得他的生活再也回不到過去了。

停頓了一下，我又問他是不是不想和別人交流；我問他是否覺得所有人——包括我在內，都不能了解他的感受；我問他是不是總會有人關心他、安慰他；我問他是否近來有很多人前來探望而讓他不適應；我問他是否覺得揚州很陌生。

他一直點頭。我想也是。

我告訴他，所有的人，包括我自己，如果經歷了你這樣的事，都會和你有相同的感受。這些感受確實非常糟糕，沒有人願意承受，但所有的感覺都是正常的——誰也不希望地震發生，但這是無法預知和避免的自然災害，這些可怕的事已經發生，已經成了事實，但不會變得更壞，因為已經是定局。

頓了頓，我又說：「沒有親身經歷過的人確實無法切身了解你的感受，但有許多人和你的感受相同，所以你並不孤獨。你需要一段時間來渡過難關，但不要試圖用忘記來擺脫，也不用勉強自己去忘記那些記憶中的人事物，這一切不會因此真的被你忘記。」

「雖然你離開了熟悉的環境，但你現在很安全，很快地，你就能回去上課。相信總有一天你會重新回到家鄉，完成你對爺爺的心願。我們不能回到過去，也不能改變過去，但可以改變現在和未來。所以，你要做的，是做自己能做的，管理好自己，長大後更努力地幫助別人。」

末了，一直沒有表情的孩子終於打開了心防，然後他開始痛哭。一個小男孩，垂著頭，把兩隻手插進頭髮，身體抽搐地抱頭痛哭，眼淚一顆顆滑落在兩腿間。

我把手放在他肩上，默默地陪他流淚。

我說：「哭吧！哭吧！沒有人在經歷這樣的災難後還能無動於衷，你有太多只有自己才明白的感受，你是個小男子漢，所以你才傷心流淚。」

等他情緒緩和一點後，我遞給他衛生紙，再讓他喝一點水。

我告訴他，堅強不是不哭，勇敢也不是不怕，而是像你這樣，經歷了這一切之後，敢把那些可怕的事說出來，把情緒宣洩出來，所以你真的很有勇氣。如果以後還有什麼感受，請試著和家人、周圍的人們交流，或者也可以打電話給我。

輔導結束後，我呼出了一口長氣。

說出來，這些壓在胸口的巨石並未消失，但你搬動了它，解脫了自己，就有了喘息、調整的條件，也有了繼續前進的可能和機會。

命運是荒謬的，為什麼要讓一個孩子承受這一切？若是孩子手上有一點輕微的外傷，父母都會在意了，又何況是孩子心中看不見的創傷。所以，面對孩子，我們唯有默默傾聽、久久陪伴。

全職媽媽的困境

三十四歲的全職太太悠悠媽來找我，說自己昨晚又對兒子大吼大叫，而且最近一個月已經打了兒子兩次。

昨晚罵完兒子，兒子忽然對她說：「媽媽，妳老是心情不好，脾氣大，臉色又難看，如果妳不是我親媽，我才不願意和妳待在一起。」

悠悠媽聽後愣住了，這是自己兒子——一個八歲小孩的心聲嗎？其實，悠悠媽也意識到自己出了問題。

悠悠媽曾經是一家合資企業的中階主管，工作繁忙到連懷孕期間都沒請過一天假。孩子是奶奶帶大的，只是在孩子上小學前，奶奶回老家去了。

半年後，悠悠爸被公司調到外縣市工作，每個月只回家幾次，家裡的大小事一下子都落到悠悠媽身上，要顧孩子，要忙工作，生活的壓力讓她手足無措、難以喘息。

最終，考慮到孩子剛上小學需要一個穩定的環境，也需要有人輔導、照料，在經濟條件允許的情況下，悠悠媽於今年過年後辭職，成了一名全職主婦。每天上午忙家務，下午無所事事，晚上則輔導孩子課業，每天就這樣一成不變地過完了。

悠悠媽開始覺得自己的生活不僅無趣，還毫無意義。漸漸地，她越發焦慮，常為一點小事發火，有時又很消沉，不想出門見人，感覺自己已經和外面的世界脫節了。

近期悠悠媽甚至懶得上街買衣服，和朋友們也很少聯繫，畢竟人家都在工作，總覺得自己和她們的共同話題越來越少了。

悠悠媽每天都會和先生通電話，可先生鞭長莫及，只能簡單地口頭安慰，沒什麼實際效果。最讓悠悠媽焦躁的是兒子，雖然老師說孩子聰明，可是恨鐵不成鋼，兒子不是上課不用心聽講，就是答題粗心大意，小學二年級數學就考不到八十分，成績也始終上不去。

也許是受了媽媽的影響，悠悠相當自卑，經常說自己什麼都不行，老有畏難情緒。

悠悠媽希望兒子能好好讀書，才不枉費自己辭職在家，如果兒子學不好，那自己的努力與犧牲不是全白費了嗎？她總覺得自己是為了兒子才辭職的，自己已經沒什麼值得驕傲的事業，唯有兒子把書讀好、把課程學好，自己所做的一切才有價值。

總之，悠悠媽的生活貌似正常運轉，卻已經找不到自己了……

做父母的，難免會對孩子發火，但身為理性的成年人，我們其實都明白，很多情況下並非孩子有錯，而是因為我們自身的挫折感所致。

值得慶幸的是，悠悠媽已經發現了問題：沒能良好地適應自己的新角色——全職主婦。而她還沒釐清思路，也不知該如何解決。

全職主婦有很多成因，無論主觀或客觀因素，面臨到的問題實質上很相似，情緒也類似。拿悠悠媽的情況來說，先生去外地工作，自己因為工作繁忙，很難將剛上學的孩子照顧周全。她辭職回家後被家庭瑣事淹沒，漸漸脫離了社會、人群，缺少成就感與自信心，因而變得焦慮、易怒、消極、逃避、退縮。換言之，因為沒有接納自己的現狀，沒有找到自己的定位，而失去了自我。

失去自我的情況，好比掌握著方向盤卻沒有真正操作它，日常生活看似還在正常軌道上的悠悠媽，其實已是力不從心、岌岌可危，好像隨時會脫軌的列車。

這感覺對悠悠媽來說真是糟透了。

孩子的話驚醒了悠悠媽，她在孩子眼裡竟已成為一個「心情不好，脾氣大，臉色又難看」的女人，如此不可愛的媽媽，難怪孩子不願和她待在一起，恐怕連她自己都不喜歡現在的自己。

同時，悠悠媽的狀態必然會影響孩子的自我概念，兒子經常說自己什麼都不行，這就表示兒子存在著自我貶低的傾向。其背後隱含媽媽對他的否定、批評所形成的心理投射，也包含媽媽對媽媽自身的否定、焦慮所帶給他的不良示範與影響。

試著想像一下，雖然人生有種種壓力和難題（這在所難免，人人都會有），但是妳若以不同的狀態——積極自信、從容沉著、美麗優雅、熱愛思考、善用方法、充滿活力——來面對同樣的問題，那麼「同樣」的日子就會變得截然不同而煥然一新。

做一名正向積極的妻子、母親、主婦、女人，圍繞在妳身邊的人也會有所改變。先生會覺得娶對妳了，孩子也會因此變得陽光，妳更會活得輕鬆一些——而這也是我一直在追求的。

我們剛剛展現了一個完全不同的妳，也展現出一個完全不同的生活場景，這不是不可能。不過，妳我都知道，這很困難。

現在就來追本溯源，看看是什麼原因造成了妳的困境。

「我希望他能好好讀書，才不枉費我辭職在家，如果他學不好、成績不佳，那我的努力和犧牲不是全白費了嗎？我總覺得我是為了他才辭職的，我已經沒有什麼值得驕傲的事物，唯有他好，我所做的一切才會有價值。」這話聽起來很有道理，妳為了孩子離職回家，孩子的好壞標誌著妳的付出值得與否——仔細想想，卻不夠合理。

事實上，對目前的生活進行客觀考量後，妳認為自己難以同時打理好家庭和事業，因此打算在這段時間內承擔起全職主婦這個角色。這其實是妳評估後對個人生活與生命道路所做的調整，也是妳找到的最佳方案（然而，最佳方案不代表沒有任何弊端）。所以，這是妳自主的規劃、自願的決定，既不是迫不得已的下策，更不是單純為孩子而做的犧牲。

悠悠媽，新生活使妳將重心轉移到家庭經營和子女教養上，暫時放下了個人的事業追求，也就使妳缺少了成就感的一項主要來源。然而，家務和孩子都是慢工出細活的繁瑣事物，很難一蹴而就、立竿見影，也不容易取得重大且明顯的成績。

但現在的妳卻比以往任何時候都需要被認可、被肯定，總覺得需要做些什麼來證明自己，證明自己的選擇沒錯，證明自己還有價值。

所以，在沒有釐清思路的情況下，妳把解決個人價值的寶全押在孩子身上，把「孩子」當成妳選擇做全職主婦的原因，讓孩子的成績單變成了妳的成績單，讓孩子的成就變成了妳的成就。

這樣一來，妳就會開始急功近利，孩子也因此得額外承受妳內心的焦慮，他越發不自信，就越可能與妳的想法背道而馳，結果，孩子的「不成」反而成了妳的「不成」。

其實，妳自己從一開始就沒有接受自己。每個人都是獨立而獨特的，妳的成就應由妳自己開創，孩子的成就也該由他來完成，雖然你們彼此需要、相互影響。

如此，妳要先管理好自己。接下來，努力在新的人生框架裡規劃新的個人生活、新的形象、新的計畫，慢慢找回以往的活力和信心。

在這過程中，妳可以向孩子展現自己是如何認識、接納、改善、肯定自我，並和他分享妳的人生，引導他建立出自己的價值觀。我相信，妳將會是個越做越好、越來越可愛的媽媽、太太和主婦。

悠悠媽，悠閒一點、放鬆一些，全職主婦一樣會有春天。

最後，我制訂了一份「全職主婦心理攻略」提供所有的全職主婦參考：

一、把全職主婦當成一份真正的職業來對待

全職主婦就是帶孩子、做家務的家庭主婦？不！妳的付出維護了家庭的運轉和婚姻的穩定，也直接地保障了孩子的成長，間接地促進了先生的事業，妳是全家的後盾，連社會和諧都有妳的功勞。

想想，如果這項工作沒人來完成或是做得不稱職，結果會怎樣呢？

對了，妳周圍的人也都需要妳，「全職主婦」涵蓋了妳的各種人生角色，重要性可見一斑，這絕不亞於任何一份職業。

現在，妳有機會挑戰自我。首先，要明確角色任務，擺正姿態，接納自我，既不自輕也不散漫，有效地規劃時間和任務，認真地對待每項家庭事務，享受盡情投入於其中的過程。

二、與伴侶建立合作模式

他是前鋒，妳是後援，如果沒有默契而難以配合，結果可想而知。結合生活現狀，尋找出專屬於你們的互動模式，學會客觀評價、合理解讀，培養合作精神。全職太太的最大危機在於與伴侶溝通不良，會導致摩擦升級、衝突不斷。

三、經濟自主，參與理財

既然選擇做個全職主婦，就要把「女主內」的功能最大化。爭取並把握經濟大權，有效地參與家庭理財，至少擁有個人可支配的部分資金，並進行一定程度的投資。

四、與孩子共同成長

陪伴孩子長大，並和他一起成長。親子間的親密相處有助於建立良好的安全感和親子關係，這樣妳就會更了解他，也會從中發現另一個自己。這是難得的機會，不僅能讓妳更成熟，也能讓妳重新受到啟蒙。

五、構建個人空間

完成家庭事務之餘，建立積極的個人生活。疏離社會意味著逐漸喪失共同語言，也失去了對生活的豐富感受力。擁有自己的愛好或參與社會活動，以此接觸社會大眾，藉此獲得成就感，甚至還可能成為某方面的專家，讓家人刮目相看。

六、擁有人脈

與老朋友、舊同學、過去的同事保持聯絡，可相約逛街、輪流請客吃飯，彼此交流資訊、分享心情，互相幫助，以收穫情感支持、社會存在感、群體歸屬感。

七、不斷學習思考

廚藝、鋼琴、駕駛、羽毛球、MBA……學什麼都可以，不學也沒關係，但不要忘記時常閱讀和思考，有腦的女人不會被小覷，反而還能擁有更完整的安全感。

八、外表同樣重要

聰明的女性明白容顏易逝，於是把主要精力放在做功課上，內在的氣質、修養固然重要，外在美也不能敷衍、怠慢，兩相結合才最經得住時間的考驗，內外兼修也才能讓妳充滿自信。

九、準備重返職場

做一輩子全職主婦需要絕佳的定力，當孩子漸漸長大，當先生開始抱怨辛苦，當妳滿嘴家長裡短，就是重返職場的時候了。生活有變化，妳才有活力，積極充電、調整節奏，為重新出發保留空間。

十、保持良好心態

成為黃臉婆不是歲月的罪過，要怪就怪妳的心態糟糕。因為懶得保養、疏於社交，又常常疑神疑鬼、嘮叨瑣碎，而讓情緒消極、讓夢想消退，這一切都會讓妳的青春流逝，美麗不再。或者，妳也可以成為活力與魅力兼備的女人。而孕育這一切的土壤，無論貧瘠或者豐美，都是由妳的心態所決定。

親情的溫度

艾可是「六年級生」，結婚八年。她諮詢的問題大概多數家庭都會遭遇到，正因為具有普遍性，所以值得拿出來與大家分享。

艾可是在婚後才發現家庭矛盾的，我將她的故事，原封不動地呈現如下：

婚後，婆婆從老家搬來城市和我們同住，她思想刻板保守，把我家當成自己家，什麼事都要指手畫腳。我個性也比較強勢，因此我和婆婆總是摩擦不斷、矛盾激烈，也常因此和老公冷戰。最後老公答應我，等今年兒子上小學後，就請婆婆搬回老家居住。開學前，婆婆很不情願地回去了。

我承認婆婆做事能幹精細，裡裡外外都不用我操心，她一走，一切事物都要我們自己來。以前從沒這麼忙碌過，現在每天都像打仗一樣，但因為和老公一起操持家務，感覺兩個人也變得親密了許多。

孩子上學後，我父母從老家搬來，在城市裡租了間房。我們早上送孩子上學，中午在外面各自吃，下午我母親會去接孩子放學，晚上我們夫妻倆會一起去我父母親那兒吃晚飯，飯後再帶孩子回家。

這模式讓我們夫妻倆疲於奔命，但不管我們怎樣說，都無法說服我父母和我們同住（我們的房子快四十坪），他們寧可花高價租學區附近的小套房。

然而，我和我父母每天只見面半小時，吃飯時也沒什麼時間多聊。我媽也不是特別能幹，光做幾道菜就已忙不過來，每次都希望我們早點走，一點都沒有挽留的意思。一到週末，他們就回老家（車程一個多小時，他們也不在意這樣疲勞又危險），直到週一上午再回到城市。

結果，我們平時忙工作，一到週末事情反而更多。

這一切讓我覺得難過，也不知道能和誰說。

相比周圍很多人的父母（比如我的兩個朋友以及一些同事），甚至相比我的婆婆，我父母似乎一點兒也不願享受天倫之樂，只把自己當成來幫忙的「工具」，總和我保持距離，每個星期往返老家，好似不願和我們一起度過週末假期。

這和我原先想的完全不同，我本來希望能依靠他們並用自己的力量讓他們生活得更舒適，我不想要讓他們既花錢又受累，只想要一家人和睦地相處。如果他們繼續這樣，我還不如找傭人。

上星期，我忍不住情緒爆發，和他們發生了激烈的衝突。他們也說了很多傷人的話，說我太自私，從來不站在他們的角度為他們考慮、著想。

我真想不到，他們竟然是這樣看我的，完全體會不到我的好意，我不知道自己到底錯在哪？而我又該怎樣看待他們呢？

聽完艾可的故事，我忍不住笑了。

清官難斷家務事，我體會得到她有多苦惱。在艾可的想像中，父母應該歡歡喜喜地來同住，給工作繁忙的自己做後盾，自己也能為他們提供更好的生活品質，一家人其樂融融地共享天倫。

可是，不知怎地變成了如今的局面——父母不領情，事情也不如自己所願，日常生活還變得更忙碌、更疲憊，甚至還因此和父母發生爭執，彼此惡言相向、兩敗俱傷。

父母不符合艾可的期望，導致艾可覺得他們「不願享受天倫之樂」；而父母說艾可「太自私，從來不站在他們的角度為他們考慮、著想」，顯然，艾可也不符合父母的期望。

在同樣的情境中，兩代人的觀點全然相左，唯一一致的是——覺得對方令自己失望，覺得對方付出太少，覺得對方只考慮自己，覺得對方給予的愛太少而自己付出的則太多。

到底哪裡出了錯呢？我們先深入探討之中的問題。

艾可提到過去和婆婆同住的情況，婆婆的「壞處」是不拿自己當外人，侵犯「主權」；而婆婆的「好處」是替艾可承擔了主婦的大部分責任，把家務一肩挑起。而艾可的父母恰好相反，在外租房、週末回老家，每天和女兒、女婿只接觸半小時，也只幫忙分擔一小部分家務。

那麼，我相信艾可是希望自己的父母能像婆婆一樣全權負責後勤任務（這意味著同住），但不要像婆婆那樣指手畫腳（這意味著和睦）。

想想，這會不會是艾可腦中經常出現的畫面，也就是艾可潛在的真實願望呢？

若真如此，我想艾可自己也會反應過來——這完全滿足了妳的一切需要，但確實很自私。試問，有誰能放棄自己的生活和內心的需要，只為達成別人（即便是子女）的願望？即便妳的一切需要都達成了，這樣的和諧又能存在多久？

之所以說這是艾可潛在的真實願望，是因為這願望沒那麼單純，只是她找了很多理由來合理化、美化、簡化它。比如，「用自己的力量讓他們生活得更舒適，不想要讓他們既花錢又受累，只想要一家人和睦地相處」。

艾可，我真心相信妳想做個孝順的女兒，也知道妳真心誠意地想往這方向努力。這些藉口並不是說明妳虛偽，但它們會蒙蔽了妳的心目，讓妳辨不清妳的真心而認不清事實，誤以為自己的一片好意被他人誤解，覺得自己受了委屈。

試著放下成見，重新看待妳父母的所作所為。

客觀來看，他們在妳需要的時候，離開自己的家和安逸的生活，來到陌生的城市落腳，用自己的錢租了鄰近學校的高價房子，只為了每天替你們接送孩子、燒煮晚飯，等你們週末放假休息的時候，他們回家待個兩天再回來。

這說明兩點：其一，妳的父母確實不是傳統意義上為子女任勞任怨的類型（這實在不值得推崇），但他們所做的是希望能讓妳的生活更便利美好；其二，他們想保留自己的生活空間，同時他們不介入妳的婚姻生活，所以才會租房別居，週末回家則是他們取得平衡與調整的方式。

我倒覺得，妳父母的做法是明智的。如果兩代人真住在同一個屋簷下，不同的生活習慣和不同的心理預期難免磕碰，相安無事的可能性銳減，更別奢談闔家歡樂。

而且，妳和先生又回到了婚姻生活希望有人能夠依賴的情況，那麼多年下來，你們都規避了家庭內部責任，誰能說這不是造成諸多問題（比如，對於成員之間摩擦的處理、總想依靠誰來幫忙打理家事）的一項主因？

而如今「忙且快樂」的日子才能教會你們彼此合作，攜手運轉一個健全的家庭，這才是真實且可控制的婚姻常態。

原來，妳不曾換位思考，不曾站在妳父母的角度去體會他們的感受——其實他們的做法一點也不為過；原來，妳不曾冷靜權衡，不曾推估過眼下這局面所帶來的益處——雙方和平共處；原來，妳只顧抱持自己的看法，強調自己正確，甚至總是試圖改正對方——這會讓對方覺得他們付出的一切都被妳否定了，因此轉而否定妳。

你們都不接受對方，也都感到自己不被對方接受，最終便形成情緒的碰撞、情感的互傷。

親情是傷人的，當妳要求過高時、當妳距離太近時、當妳解讀有誤時、當妳一味自我時。妳不給對方留有餘地，也不給自己保有空間，就會無視對方的自尊，也會無視自己的自私。

我們都是子女，也都會成為父母，我們自己也禁不起這麼苛刻的審視和評論。退一步想，妳才能看清事情的全貌，也才能調整好親情間最宜人的溫度。

自卑・我・媽媽

這篇是關於我自己的故事，文章有點長，但是看完它，你會明白我真正想表達的。

很少有人相信我自卑、內心充滿失敗感——除了我先生、我最好的朋友們以及幾位有相同感受的諮詢者們。

最近有朋友充滿同情地對我說：「如果我告訴別人妳自卑，恐怕很多人會認為妳虛偽、故作姿態。」這當然很有可能。

自卑是一種個人化的心理體驗與自我概念。自卑的人不見得真的應該自卑，但多少都會因為自卑而抑制了自身的能力，損害自己的心境。我的自卑是從小養成的，和性格有關，也和家庭、生長環境有關。

父母兩方的家人，不管大人還是小孩，都出類拔萃。外公和爺爺尤其如此，中間輩分也各有建樹，和我同輩的兄弟姐妹亦都卓絕群倫。

其實我倒不是一無是處，我有很多邪門歪道的才能，比如作文、繪畫和體育，但我學業成績並不好，在班上排二十、三十名。屬於那種雖然聰明，卻不認真聽講，總與同學交頭接耳、互傳紙條、注意力難以集中，考試又常粗心地把乘看成除的那種孩子。師長對我都感到恨鐵不成鋼。

我媽媽在學生時代始終是學校裡最優秀的學生，以接近滿分的優異成績通過大考，總是被推選為班級幹部，學校也常邀請外公去演講。媽媽工作後，毫無背景的她仍舊憑著自身的能力當上了公司高階主管。

我們家是書香門第，一直有「萬般皆下品，唯有讀書高」的觀念，媽媽也把希望和重心都放在我身上，指望我有天能考上最頂尖的大學。直到我長大之後才逐漸能明白她的想法，但當時尚年輕的我只體會到自己似乎天生就是個讓父母失望的壞孩子。

我的國小、國中同學全都認識我媽媽，一來她是大美女（她四十五歲前確實很美麗動人），二來是因為每次我的考試成績一出來，她就會到學校找老師要考卷，把我寫錯的題目抄下來。

那年頭，重視成績、勤於和老師聯繫的家長很少，以致於現在遇到小學、國中同學，他們都會問我：「妳媽媽還好嗎？」

我的學生時期幾乎像是一場夢遊，我不知道自己想做什麼，也不知道自己在做什麼，反正沒什麼想學的，就一直憑著小聰明勉強蒙混過關。對於讀書，我始終不開竅，永遠是該做的不做、總做不該做的，比如上課發呆、在習作上亂畫圖。

現在想想，也不怪媽媽著急，如今，很多父母來找我諮詢，我時常會想起當年的媽媽和那時的自己，然後，我對兩者都能有所理解。

外公看媽媽著急，曾經對她說：「她如果學不下去就算了，以後就去打打工、做點粗活。」這話主要用來安慰媽媽，外公對於某些行業並沒有貶義，就算有，也是針對我。

小學時有幾次媽媽太氣了，一把搶過我的書並撕成兩半，我總是哭著跑去搶救。那些晚上，我都悄然無聲、垂頭喪氣地把書黏好，包上新的封面，第二天再小心翼翼地藏著不讓同學們發現。

而我的家教老師前前後後算來大約有二十多個，包括暑假兼職的大學生、著名的補習班老師等，大都集中在數理方面。現在家人回憶起這件事也總是唉聲嘆氣、忍俊不住。

我姐姐和姐夫大我很多歲，都是高材生。在我國中時，他們輔導過我的數學，姐夫很快了解到真相，便說：「她是不可能學會的。」姐姐很生氣，決定自己來教，最後她也是搖頭嘆息地表示：「她好像從小學就沒好好學過數學。」這也是真的，因為每次上數學課我都在看小說，天曉得考試是怎麼及格、通過的。

還有一樁回憶歷歷在目。小時候，只放星期日，這天我們通常會到外公家聚會。每個星期天的上午和中午我還能神氣活現的，一到晚飯時間，全家人圍坐下來後，就會聽我媽聲淚俱下、血淚控訴著我不學無術、無可救藥。而我在一旁，面如死灰。

現在的家庭聚會，我經常提起這件事，以前聽過我媽控訴的成員們總會大笑，屢試不爽。其實這些記憶是辛酸的。它說明了我的自卑，在時間的洗禮下，我雖然沒有變得自信，但卻學會了自嘲。

高中時期，媽媽開始認命，接受我當不成資優生的現實，理解我不能給她添光的事實，反而不再焦慮。到我開始工作後，媽媽就很少為我操心。

近年，她常常跟我笑談，當年不知道為什麼那麼在乎我的學業成績，一天到晚去學校，總是撕爛我的書，還動不動急得哭哭啼啼的。其實考不上名校也沒什麼，最重要的是平安健康，做自己想做的事。

我想，有些事當我們走過來了、暫離了一些之後，才能看到它的原貌。雖然，媽媽偶爾還會做白日夢，夢想著有天我會出名，然後記者們會來採訪她：「妳是怎麼教育妳女兒的？」最重要的是能做自己想做的事——這點我得感謝媽媽，在我成年後，對於我想做的事，她總是無條件地支持我。

我在工作收入很好時毅然決然地辭職，我在沒多少存款時去看周華健的演唱會，我去學心理輔導的課程，我開始寫小說、寫書，我持續各種不務正業，直到有一天，我好像不工作也能養活自己，我好像變成周華健熟悉的歌迷，我開始當起了職業心理諮商師，我的書竟然出版了……然後，我忽然發現越來越多人對我投以羨慕眼神地說：「妳真厲害！可以做自己想做的事。」

很多人羨慕我，那我呢？在心靈深處，我始終覺得自己是個失敗者，我只是想擺脫這樣的處境。自信的人害怕不成功，自卑的人則害怕會失敗。

當我想要做且想要做好時，我真正想的是——千萬別丟人。當我做到了以後，我獲得的不是成就感，而是安全感和短暫的安寧。當我不循規蹈矩時，我不是想要追求成功，也不是想要與眾不同，更不是想要證明自己，只是因為我太自卑、太壓抑、太焦慮、太想要掙脫那道自我束縛的沉重枷鎖。我只想要取得平衡、想要讓自己自由、想要拋棄痛苦、想要豁出去放手一搏，哪怕只有一次機會。

然而，一個過自己想過的生活的人，一樣要面臨現實的壁壘，一樣要付出不願償付的代價，一樣要和自我扭打成一團，然後一樣會有絕望地掙扎著的時候。

歸根結柢，我和別人在本質上並沒有什麼不同，在個人生活和內心世界中，我們都是渺小、孱弱、戰慄的，我們都是拘禁在心靈樊籠裡的蒼生黎民，沒有什麼可被羨慕的。

但願你們這些願意聽我囉唆的人肯相信，我的內心永遠蜷縮著一個自卑的孩子。即使有一天醜小鴨變成了白天鵝，她也依然擁有永遠無法與羽毛相稱的灰暗心事，而那些羽毛反而讓她羞愧。她也許做過一點什麼，讓不明就裡的人覺得羨慕，但她從沒有同感，甚至很少因此感受過安慰。

我也覺得自己沒有讓家人感受過安慰，他們只是對我不抱希望而放低了標準，畢竟是自家孩子，怎樣都偏心著。只是，我再也沒有機會讓我的祖父輩對我不感到失望了……

外公去世那年，我十一歲。外公畢業於清華大學，後來還公費留學日本，至今他還是老家中唯一考上清華大學的人。外公很喜歡我，還曾為年幼的我寫過詩。

之後，他在師範學院擔任歷史教授，參與字典、辭典的編纂，七十多歲時還完成了文史類工具書的經典著作。他一直致力於研究少數民族文學，可惜年事已高，最終未能成書。媽媽說，如果外公還活著，知道我的小說出版（多少有點承他衣缽的味道），肯定會高興得不得了。

十年前，奶奶也去世了。奶奶和爺爺住在北京，而我從小在揚州長大，和他們不是特別親，比起我，他們更喜歡自己一手帶大又聰明伶俐、成績優異的小妹，希望她能承襲他們，考進北京大學。但我曉得他們還是疼愛我的。

我最後一次見到奶奶是她去世的前一年，當時我去北京看她。回揚州那天，她送我到門口，還抱了抱我。我剛要走，她便叫住我，拿了一顆蘋果塞到我手裡，又立刻轉身離去，而且她其實已經在我背包裡放了數顆蘋果了。

最後，奶奶沒有再下樓與我話別，因為她不願看我們離開，人老了，和兒孫兩地相隔，誰也不知道哪次見面會是最後一次相會。

今年一月，爺爺走了，我們沒想到事情來得這麼快，我總以為他應該會活到上百歲……

爺爺非常看重家族名望，如果他知道我的書出版了，保證是最高興的那個，而且會到處宣傳──我們朱家大孫女出書了。因此，我在完成書籍並洽談出版的過程中，很少向他報喜，甚至閉口不提，因為害怕會讓他失望或擔心，也怕會挨他批評。

爺爺走的那天，是他和奶奶結婚紀念日後的第四天，也是我上一本書序文寫好的第二天，就差這麼幾天……也許，這是我的遺憾，不是他的。

而外婆還在，今年九十四歲了，我和姐姐都是她帶大的。她年輕時做過小學校長，一直在學校內工作，走起路來清爽有風。

十年前，外婆因為腦血管病變而中風，經開刀搶救，身體基本是恢復，但大腦卻嚴重受損，人變得糊塗，像小孩一樣不聽話。她聽力又差，跟她說話要用潑婦罵街般的音量，媽媽、阿姨照顧她相當辛苦。

我有時跟媽媽笑談著，余華寫的《活著》可能不大對，外婆這樣才叫「活著」。外婆只記得從前的事，家人也不大認得了，只認得我。媽媽、姨媽要哄她吃飯、要讓她穿衣，就會拿我威逼利誘——這是佳佳做的飯喔！快吃，妳再不吃，她就要生氣了，就不來看妳了！

我對帶大我的外婆，也就這麼一點用而已。

外公、奶奶、爺爺相繼去世，外婆也老糊塗了，他們似乎不會再因為我做了什麼而高興了。今天，報紙上刊登了我書籍出版的新聞。媽媽拿著報紙對外婆大喊：「佳佳寫的書出版了！」外婆居然立刻聽明白，露出驚訝、高興的神情說：「這丫頭不簡單啊！」我肯定沒有看錯，外婆混濁而灰暗的瞳孔在那一瞬間，亮了一下。

回家時，我走在蓊鬱的行道樹下，兩旁是柔嫩的青綠，我的眼前慢慢模糊，直到四月末暖和的陽光照在我的臉上、風乾了我臉上的淚痕。

第三章
一半似水流年
一半此間少年

我們都是追星少年

肖媽媽的女兒是明星中學高二的學生，暑假結束後即將升上高三，成績在班上排名大約第十名，只是不太穩定，畢竟大考一分也會差很多的，容不得半點疏忽。最主要的是，她不夠用功，心思不全在課業上。於是，肖媽媽很緊張。

國中時期，女兒喜歡過一個肖媽媽說不出名字的韓國團體。國三時，肖媽媽沒收女兒的CD，表示等考試結束後才要還她。那時女兒小，雖然不高興但不敢說什麼。後來她大考表現不錯，肖媽媽便把CD全還給她了。

高一開始，肖媽媽的女兒迷上了韓國明星金秀賢，沒事就上網追蹤金秀賢的行程、找相關影音資料，還加入粉絲團，做成了團長、站長。

到了高二，電視劇《來自星星的你》爆紅了以後，女兒更迷，膽子也更大了，常跟肖氏夫婦說謊，和同學偷偷跑去看金秀賢的演出，參加金秀賢的簽名會、握手會。

肖媽媽發現後，氣得撕掉女兒從網上買的兩本雜誌，沒想到女兒竟大哭大鬧，表示媽媽不尊重人，干涉她的生活，簡直把肖媽媽給氣壞了。

之後，女兒跟媽媽冷戰，一個月都不跟媽媽說話。她意識不到自己行為的嚴重性，既不擔心會影響學習成績、未來前程，更不懂得父母的苦心。

肖爸爸不在意女兒的課業，加上寵女兒，搞到最後，就好像肖媽媽是女兒的仇人一樣。諮詢過程中，肖媽媽說自己上學時喜歡過周潤發，肖爸爸學生時期則喜歡王祖賢，當時她還有同學是羅大佑的歌迷。那時頂多是看看電視、電影或買買雜誌，也不敢做離譜的事，更不會因此頂撞父母。

肖爸爸總說是肖媽媽太杞人憂天，但肖媽媽的擔心不無道理。肖媽媽認為女兒現在還太年輕，不知天高地厚、不懂人情世故，這樣下去是在自毀前途。還有一年就要大考了，時間不等人，再不抓緊時間為自己奮鬥，難道以後要後悔？女兒現在不懂，但總有一天會感謝媽媽的。

肖媽媽這麼教育女兒，沒想到女兒跟她說：「現在不迷以後才會後悔，現在不懂以後也不會懂。」肖媽媽不知該用什麼辦法，才能讓女兒清醒過來，不這麼沉溺於其中。

做媽媽的心情我了解，眼看孩子一年後就要考試，還有時間、精力去追星，真是不知輕重緩急，難怪肖媽媽這般焦慮。但面對肖媽媽，我的確很「慚愧」——坦白說，我自己就是歌迷，周華健二十四年的老歌迷。

二十四年前的我，也是讀高二，成績還不如肖媽媽的女兒，房間的牆上貼著三張周華健的海報，其中一張是我晚自習後跑到一間書店偷偷撕下來的。高中期間唯一一次蹺了晚自習，就是躲在家裡看周華健的電視訪談。這些可說是「劣跡斑斑」。

那時，父親反對我追星，理由也是怕影響我學習，每次電視出現周華健，他就立刻粗暴地硬生生轉台。當時的資訊不像現在這樣發達，當時的途徑僅限於電視、廣播和雜誌，能在電視上看到自己的偶像是非常難得、非常幸福的事。

時至今日，我還記得自己強忍住眼淚、裝做不在意的樣子，而我和父親的關係則越發惡劣。我的心裡充滿了不被父親認可與理解的悲傷、憤怒，被踐踏自尊、被剝奪權利的辛酸、苦楚。

經歷了這些，我不但沒能明白大人的用心良苦，也沒能更有動力、更集中心力地學習，反而心不在焉、照樣叛逆，繼續悄悄戴著耳機聽歌，繼續跟大人吵吵鬧鬧，同時還懷揣著各種消極、負面的情緒。而我的追星之路也沒有到此為止。

十七歲時，我在《語文報》上第一次發表文章，內容寫的是周華健。二十七歲時，我有機會做周華健演唱會的現場助理，從而與他相識。同年，我應邀參加了電視《藝術人生》周華健專輯的現場錄製。三十二歲時，周華健為我的處女作《低俗小說》題寫了書名與推薦語。

這一切是幸運的，至少我這麼覺得。

為什麼這麼說呢？因為我的偶像是位既有才華又努力的音樂人，他的作品帶給人們感動與慰藉，他也在他的領域贏得了應有的成就與聲譽，同時，他擁有健康的形象、幸福的家庭，所以我為自己身為他的粉絲感到驕傲。

周華健是我的榜樣，我想像他一樣，有自己的夢想，有自己努力的方向，有自己前行的目標。身為普通人，我有我的精彩，我想讓他因為擁有這樣一個歌迷而驕傲，我更要為自己驕傲。

而現在，我應該讓我的父母放心了吧！那麼，要怎麼讓妳對女兒放心呢？

像很多父母一樣，妳不願孩子的人生有任何閃失，妳的生活經驗和閱歷遠遠超過女兒，妳看到了她看不到的危機，擔憂她終有後悔的一天。所以妳為女兒規劃她的人生，如果她言聽計從，那麼一定能像綁上安全帶般保險。

可是，事與願違，妳不信任她。認為她沒有能力處理自己的生活，所以，妳開始採取行動，強制沒收甚至銷毀她心愛的物品。當然，妳認為妳做的這一切都是為她好，以後她總會懂的。在她小的時候，這方法還算靈驗，可是，現在的她不僅不領情，還情緒激動地強烈反抗，親子關係降至冰點。

怎麼會這樣呢？

打個比方，妳就像是一個懷揣好心要為別人收拾房間卻未經同意地破門而入的熱心人。這樣的好意，在對方看來是強盜，因為這是一種侵犯行為，妳侵犯了對方的內心世界，貶低了對方的自我價值。

自我價值被否定會促使對方啟動「自我價值保護叛逆」；一再禁止，便會激發她的「禁果叛逆」；三番五次則觸發了「超限叛逆」，三種叛逆疊加，結果可想而知。

不是說妳的擔心毫無道理，高中階段時間寶貴，玩物不免喪志，重點是如何有效地解決。上古時期，大禹之父鯀用「防堵」治水，洪水九年不退。輪到大禹，他採用「疏通」的新舉措，最終將肆意的洪水馴服。咱們的老祖宗已經發現，凡事若論解決之道，宜疏不宜堵。

孩子的問題，首先是父母的問題。孩子的成長，首先是父母要成長。勇於成長的父母，就要先學著疏通自己的心。

女兒追星真的是件不知天高地厚、自毀前途的事嗎？

事實上，偶像崇拜是不分時代、不分種族、不分年齡的一種普遍現象，大多發生在青少年時期。這個階段「自我」發展迅猛，雖然遠不夠成熟，但能體會到更多力量和更大需求，父母已不再是擔當他們遵從模仿的對象，反而更像是自我前行路途上的阻礙。

此刻，偶像能更好地滿足孩子自我的心理寄託，成為他們行為樣本的載體，經由個人的自我去賦予意義，再按照自我的方式去相信、效仿。

回顧人生，最讓我們心馳神往的面孔、最讓我們感慨萬千的旋律，總是來自青春的記憶。

妳也說自己年輕時（換算下來是八〇年代）做過影迷，同學也曾是歌迷。妳們雖不像時下年輕人那麼迷戀，但這與時代背景、社會文化、傳播媒體都密切相關。因為當時沒有歌友會、粉絲團這種東西，網路世界更是天方夜譚，和現今社會難以同日而語。

今日的青少年從心理到眼界無法和三十年前相提並論，「五年級生」的你不敢放肆，「六年級生」的我只敢晚自習蹺課，「七年級生」、「八年級生」的孩子則會結伴去外地追星。

身為成年人和媽媽，我明白妳的焦慮不安。身為諮商師，我客觀地看待年輕一代的獨立、自主、敢於嘗試，甚至羨慕他們張揚沸騰的青春。

說到底，偶像崇拜之於青少年，是成長的需要。

既是未成熟的年紀，希望當事人時刻保持理智冷靜，希望當事人像成年人那般成熟穩重、老氣橫秋，這麼「不發少年狂」反而顯得不合情理。

追星不是錯，甚至，還有些許益處。

一個人崇拜的物件往往是在某個領域獲得一定成就的人士，其為人處事、經歷遭遇不乏可圈可點之處。青少年受暗示性強、模仿力佳、可塑性高，成年人不失時機地加以引導，很可能讓偶像成為他們努力奮鬥的範本。

比如金秀賢，就是一位擁有天賦又很勤奮的演員。

在母親的建議下，自小靦腆的他選擇學習表演來突破自我，從此走上演藝之路。高中三年，學校調查表中的「職涯發展目標」一欄，他都填著「演員」二字。

拍攝電視劇《來自星星的你》之前，他已有多部作品斬獲大獎。為了演好生活在地球上四百多年的外星人，他甚至去進修天文學、物理學。

雖然年輕，出眾的演技已使他成為擁有獎盃、票房和收視的大贏家，同時他自信、爽朗、誠懇、謙和的個人形象，也獲得同行和觀眾的讚譽。

厚積薄發，一部《來自星星的你》創造了他在亞洲乃至世界範圍內的影響力，二〇一四年的南京青奧會和仁川亞運會相繼邀請他來參加開幕式表演。

因為被他的演技吸引，他大部分的作品我都看過。在我看來，他不是靠外表做秀，而是真正有實力、有夢想、肯努力的人。你女兒選擇他做為自己的偶像，不算是百害無一利的壞事。

不分青紅皂白地否定孩子的選擇，就像堵住青春的洪水一樣危險，後果難免是情緒失控的氾濫。想要讓她信服，與其堵，不如疏。

換成是我，我會去了解女兒的偶像，了解女兒為什麼崇拜他，去發現他的過人之處，放下身段、放寬心境，與孩子一同欣賞，在過程中因勢利導，啟發孩子從偶像的經歷中汲取鼓舞自我的力量。這樣的我，會和女兒聊得很愉快，被她接受，進而獲得她的信任。這樣的我，能設身處地去懂女兒，給她的建議也會顯得貼心。這樣的我，不再像仇人一般面目可憎，而是懂得尊重、包容的睿智媽媽。這樣的我，和孩子站在同一戰線，說話也有了分量。

此時再和孩子做個約定：會給她一定的信任，允許她保留自己的心理空間，保證不再沒收或銷毀她的個人物品；同時建議她珍惜有限的時間，合理計畫，勞逸結合，不反對她繼續參與歌迷會事務，但要減少精力、時間的投入；在考試前不再發生去外地追星的行為，考完試的暑假期間則可由她自由安排。

一個得到信任與理解的人，會竭盡全力使自己對得起這份貴重之禮；一個得到空間與尊重的人，會自動自發地用理智和約束來承擔責任。

有時我會想，如果當年我的父母能這樣對待我，年少的我大概會讓他們更放心，今天我的回憶也會美好得多。

青春一去不返，機會只有一次，年少無知可能會後悔，但暮氣沉沉地度過也許會更後悔。堵住青春洶湧的熱流，不如開溝掘渠，指引它向更廣闊的方向奔湧，讓激流成為浪潮，匯進生命的大海。

離婚，孩子也有知情權

在電視裡看過很多這樣的橋段：為了孩子，情感已經疏離甚至背離的父母堅持不離婚，更有甚者，雖然辦了離婚，也佯裝在一起，不讓孩子知道他們已經分開。這樣的橋段，也出現在我的諮詢案例裡。最讓當事人糾結的就是如何告訴孩子——父母要離婚。

諮詢者珍姐，十八年前經人介紹與丈夫相識。當時丈夫高中畢業，家裡條件不錯，也有一份穩定的工作，在家人的主張下，兩人短暫相處了半年就結婚了。

婚後，珍姐發現丈夫性格魯莽、粗枝大葉、不求上進，談不上有什麼思想，人倒是挺簡單。可是自己跟丈夫一直沒有共同語言，也沒有產生過真正的情感，只是得過且過地一起生活。

六年前，丈夫曾出軌過。珍姐雖然憤怒，卻不怎麼傷心。這更讓她明白，丈夫對自己來說，確實可有可無。

知悉丈夫出軌後，珍姐開始和他分房睡。珍姐也發現自己越來越瞧不起丈夫，對方的出軌正好給自己一個遠離他的藉口。丈夫一開始不情願，時間長了，也只得接受。

雖然住在同一個屋簷下，珍姐和丈夫彼此很少交流，關係比冷戰好不了多少，但對外、對雙方親戚都裝做正常且表現和睦。

他們的兒子今年升上國三，個性不大外向，珍姐覺得多少和家庭環境有關。儘管夫妻倆也算有默契，盡量不當著孩子面起爭執，不過孩子或多或少知道父母感情不好。

有一回，兩口子爆發衝突後，孩子竟主動跟珍姐說：「你們乾脆離婚算了。」

珍姐和丈夫最近的一次激烈爭吵，起因其實很小。珍姐認為可能是自己總看丈夫不順眼，讓丈夫覺得委屈、不滿。而孩子當時也在家，見父母吵架就用力甩門，把自己關在房間裡，數小時不出來。

珍姐隔著門板，聽見孩子的抽泣聲以及和人通電話的聲音。之後，孩子開了門，卻一言不發，也不理睬父母。就這樣過了好幾天，孩子才開口說話。

原先，珍姐維持婚姻關係的部分因素是想給孩子一個完整的家。畢竟，如果沒有孩子，自己恐怕早就選擇離婚了。而丈夫似乎也不留戀這個家，成天在外打牌。看到孩子對於兩人爭執的反應這麼大，珍姐心裡也明白，再勉強維持下去，對孩子也沒什麼好處。

慎重考慮後，珍姐準備在適當的時候提出離婚。

如果離婚，不可能瞞著孩子，但珍姐不知道該怎麼和孩子說。她怕孩子不能接受、不願父母真的分道揚鑣，也怕影響孩子的學習、成長、未來發展等。

珍姐舉棋不定、左右為難，所以來找我諮詢。

我其實很贊同她的態度，無論是誰，離婚對其人生都屬於一樁極具影響力的事件，每個環節都需要慎重對待，尤其是涉及孩子的部分。

以「沒有共同語言，沒有真正感情，分房六年」的客觀情況來評估，珍姐的婚姻確實已名存實亡。

珍姐當初繼續維持婚姻的主要原因是「想給孩子一個完整的家」，這當然是很多婚姻關係得以維持的主因。然而，這個方案是否有效，事實已給出了答案——只做到形式上的完整，猶如希望的空殼。

一次家庭危機後，孩子的反應才讓珍姐意識到這樣的家庭狀態終究會帶給孩子傷害。這個轉捩點促使她下定決心，而有了離婚的打算。

既然決定離婚，告知孩子便是必要。很多父母，尤其是母親，都希望給孩子充分的保護，因而勉強維持著不幸的婚姻生活。但是，這樣的家庭關係反而會對孩子造成持久、不可逆的傷害，最終得不償失。要知道，長期感情不睦的夫妻也許瞞得了別人，卻瞞不了孩子，孩子一定是知情的。有鑑於孩子的年齡與理解力，若不加以導正，則會使其產生誤解、猜疑，進而感到羞愧、自卑、憤怒。

我有一些成年諮詢者，因為當年父母離婚時採取迴避的態度，未能與雙親直面交流、溝通，因而留下了各種心理創傷，進而影響到成年後的價值觀、婚姻狀態。

假如決定離婚時，孩子尚年幼，可以用他能理解的語言慢慢告訴他。如果孩子的心智已足夠成熟並能了解父母的婚姻狀況，則應在離婚前直接與孩子溝通。如果孩子恰逢升學或其他關鍵時期，那麼就推遲親子交談的時間。

珍姐的兒子今年國三，大約十五歲，不妨選擇在進入高中前的暑期與其進行交流。事前，珍姐和先生最好能協商好離婚事宜，協定好財產分配、撫養權歸屬等問題，盡早為孩子的未來做好計畫，步驟大略如下：

一、雙方需要達成共識

不把錯誤歸咎於對方，婚姻的失敗，雙方都有責任；不在孩子心中播下仇恨的種子，不以破壞對方形象的方式來爭奪孩子的愛與認同；由父母雙方或是與孩子較常交流的一方完成告知孩子的任務。

二、在告知之前，要做好準備

陳述的內容盡量客觀完整，不帶過多個人情緒；可以和孩子分享為人父母又身為普通人這兩種身份帶給自己的真實感受（包括困擾、痛苦、失落、猶豫等）；盡量讓孩子知悉更多實情（比如，父母早期的相處以及一些他不夠了解的情況）；允許孩子提問，充分表達自己的為難；理解孩子可能會有的情緒反應，認可並引導他宣洩，之後再給予安撫。

三、對孩子「說什麼」很重要

除了講述離婚的決定和原因，還要告訴孩子：「離婚是因為我們不相愛了，和你沒有任何關係。相愛是無法勉強的，就像你無法勉強自己和不投緣的人做朋友。我們雖然不再是夫妻，但我們還是你的父母，這個事實在任何情況下都不會改變，我們永遠都會愛你，會在你需要時不離不棄。你是大孩子了（超過三歲的孩子就可以這麼說），你也清楚我們的狀況，我們的分開不但不會繼續彼此傷害，更不會對你造成傷害。每個人在生活中難免會遭遇挫折和失敗，我們希望自己有勇氣和智慧來面對失敗，並為我們的錯誤畫上句點。不破則不立，新的開始可以讓我們三個人重新獲得平靜和快樂，相信你能理解我們的決定，所以我們要把一切原原本本地告訴你。」

四、選擇在沒有干擾的時間和地點告知孩子

告知孩子時，要選擇較安靜的地點，態度要鄭重、坦率、中肯。如果孩子反應強烈、行為過激，可承諾暫緩離婚，先擱置此話題不議，直到他情緒平復後再與之交談。

只有讓孩子擁有一定的知情權，才能幫助其正確理解父母離婚的實情，安然度過人生危機。其實，把握得好、對離婚進行妥善的處理，父母反而能帶給孩子良性示範，並連帶消除部分因不良婚姻對孩子所造成的傷害。

也許，我們要把它當做是一個機會，讓孩子看到父母面對人生危機時從容、坦率、勇敢、慎重、積極、自主又互相尊重、諒解、合作的一面，這樣的父母不更是孩子最好的榜樣嗎？

這世上有兩種普通人

傍晚，我坐在車上。車窗外流光溢彩，這時，電話響起，是青青打來的。

前一晚，她忽然來電，情緒激動地說，父母反對她繼續做心理諮詢，說她接觸諮商後，狀況不但沒有好轉，反而變得更糟糕了，但她覺得自己有在進步，希望請我和她父母溝通，隨即便把電話交給了父親。

青青叫我朱佳姐，她父親可能不知怎麼稱呼，也順著叫「大姐」，於是，我和一個比我年長二十多歲且叫我「大姐」的男人開始在電話中進行交談。

由於自身性格、生活經歷、家庭教養等綜合因素，青青的精神世界與現實世界脫軌，認知也逐漸演變為異常。經過成因的梳理和診斷，她的問題主要來自家庭刻板的教養方式、青春期對兩性認識的歪曲，最終發展為異性恐懼症，同時伴有其他的人格問題。

青青對異性的恐懼不僅表現在不敢對視、害怕接觸、迴避交往，還常常憑空產生各種關於性的想像（非精神病性幻覺妄想）。幻想對象從父親到所有異性，幻想內容從互生好感到受侵犯。

雖然青青知道這只是自己的想像，但她難以克制也分辨不清（當然也有可能真的會發生），這使她無法抱持平常心去看待異性，也無法接納這樣的自己，因而充滿羞慚，自我貶低。社會功能受損、人際關係敏感，她在外到處碰壁，對內與丈夫也難以溝通，婚姻當然走到了盡頭。

回娘家後，她經常上演「易怒三部曲」：急躁發怒——後悔——壓抑控制。然而，過分地壓抑控制會使下一次的暴風雨來得更加猛烈，因此，青青的雙親都深受其累。

青青有過高而刻板、僵化的道德標準，她經常提及父母對她的付出和包容，又屢屢因為「我不應該對父母這樣」而陷入自罪、自責。

父母上了年紀、身體都不好，接連被她氣得病倒，她也知道自己這樣不對。但青青活在自己的世界裡太久，而那個世界裡一度只有一個自卑、恐懼、怨恨、多疑、壓抑地緊緊包裹的自我。這樣的她不懂得與人相處、不知道為別人考量，很久很久之前她就喪失了體察他人感受的能力。

她在後來的幾次諮詢，都會針對事先協商好的諮詢費用進行討價還價。她說，覺得我之前對她的好全是虛偽，全是為了錢；她說，之前感覺效果良好，但現在因為我要跟她收諮商費用，所以感覺不那麼好了。

諮商師是人，心理諮詢則是一份工作，我應該為自己辯護嗎？竟走到需要這麼做的地步，我的心情可想而知……她這樣對我，那她對父母的傷害勢必更為直接、更加無所顧忌。

青青讓我不快時，我會儘量控制自己的情緒，並且坦率地告訴她：「妳的做法讓我很生氣，但我相信妳這麼做是有妳的原因。」

這種技術屬於「自我開放」，向諮詢者表達諮商師的個人感情，通常用來傳達正面資訊，進行強化、正增強，如上述那樣傳達負面資訊屬於極少數情況是不得已而為之的不得不為。

利用這個「機會」，我向她示範如何正向完整地表達情緒，引導她認識自我、認識他人，了解人際關係的界線。

而上一次，她未事先預約，一早打電話來希望我能為她諮商。前一晚我忙到深夜，本想趁當天上午休息，但考慮到她的情況緊急，便讓她直接來我家。她怕我沒吃早餐，特地買了牛奶和麵包給我。

我看到她在努力、在進步。因為艱難，所以更有價值；因為勇敢，所以更加可貴。我在心裡為她鼓掌，但我也很清楚，這是一段漫長的過程。她不合理的認知、她心中積累的怨恨、她所要面對的心理困境、她身處其中的掙扎和煎熬、她在諮詢過程中感受到的痛苦阻礙與覺醒動搖，使她距離常態還有一段漫長的路要走。

那天，青青又一次地情緒失控，不顧母親臥病在床，對著父母大喊大叫，宣洩自己的怨恨、不滿，並在剛裝潢好的家裡亂砸東西。我可以體會她父母那一刻的氣惱、失望和心寒。

電話裡，我先對她父母的狀態與感受表示理解，接著簡明扼要地告訴她父親，問題的根源、目前的狀態、諮詢的進程以及應該怎樣看待並接納這樣的她。

我告訴他，她有一套獨特的意識體系，與客觀不一致、與大眾不相融，她的行為確實難以被常人所理解和接受，但最痛苦的一直都是她自己。既然我們站得比她高、看得比她遠，又比她更有能力包容，我們要努力並盡可能地給她耐心。

我想，他還是聽進了我的話，雖然他沒能做到以一個心理諮商師的眼光去認識、看待自己的女兒——他一直用辯解的語氣說：「我們已經盡力了。」我相信，我也知道。畢竟，十多年了。

有一次，青青說父母對她很「殘忍」——當她還是個孩子的時候，他們漠視她的尊嚴、忽視她的需要，也許還踐踏了她的情感。

我要說，在妳的立場上，我完全理解妳。然後，我幫妳從新的角度去看，看看妳是否也真的尊重、了解妳的父母，還是妳也同樣「殘忍」。

某個二十八歲的男孩曾對我說過：「父母是最殘忍的一種人，也是最能誤導一個人的人，他們完全不會站在你個人的立場、情感上去感受，只會站在自己的角度盡他們以為的責任。」這話說得好，父母確實是這樣，但我們又何嘗不是？

為人兒女的我們，總認為父母應該明白自己，不然就心生怨恨，自己卻做不到體諒他們的行為、發現他們的愛；為人父母的我們，總以為自己盡心盡力是為了兒女好，卻不關心孩子真正的需要、想法和感受。愛是殘忍的，因為它很自私。我們渴望沒有隔閡的愛，卻把不加修飾的「自我」橫在當中，如果你能夠拿掉自我，不妨將「尊重」填充進那段空白之中。

但這不是我現在想說的。因為，事隔一天，青青告訴我，她父親表示一定要她感謝我。我可以說，我是盡職的諮詢師，理應得到感謝；我更想說，她父母感謝我，因為是她父母。

這世上有兩種普通人，也許終其一生不了解你、不理解你、不懂得尊重你也不太會認同你，但他們始終不會放棄你，不是出於什麼高尚的情操，也不是什麼了不起的原因，而這些都不重要，重要的是，沒有人能像他們這樣。

青春的隱秘

這是我剛做心理諮商師那年發生的事。那時比現在清閒得多，一週的諮詢個案不超過兩名，百無聊賴的我把時間都花在上網、打掃環境上。

八月末的一個上午，大約十點多，我在整理東西。之前託人找來了一塊剩餘的木板，我打算拿來墊在諮詢者坐的長沙發下，因為沙發軟，坐久了會不舒服。

正當我一手抱著木板、一手拿著兩塊巨大墊子時，有人悄悄地走了進來。我狼狽地回頭一看，是名男孩。說他小，其實也不算小，看來也有個十六、十七歲。

我匆忙地整理好沙發，請他坐下。他個頭不高大，瘦瘦的，長相端正，帶了一點書生氣息，看來是個聽話的孩子，或者說是個好學生的模樣。他略顯拘謹地端坐著，兩腿併攏，目光下垂，表情壓抑，但並不遲疑。

我注意到他雙手不安地交握著，問他有什麼需要我幫忙的地方，他脫口而出：「朱老師，我自慰。」說實話，我沒料到他會這麼直率。這話題並不讓我驚訝、為難，但與一個陌生人談論自己的隱私時，多數人會顯得有些迂迴。或許，因為他是個少年，所以掩飾程度沒有成年人那麼高。

我引導他說出詳情。他叫李躍，是明星高中的學生，暑假之後就要升上高三，他是班上的班長，成績一直出類拔萃。國二開始，他會自慰，他並沒有覺得不對，直到高二下學期，因為一些小事，他忽然意識到這是件「壞」事，覺得別人都不會這麼做，決定戒掉卻始終做不到，甚至時時刻刻擔心被人發現——如果老師、同學知道了怎麼辦？他們要是知道我是這樣的人會怎麼想？

近半年的時間都受困於此，在各種思緒中惶惶不安，焦慮、抑鬱、失眠、注意力不集中，成績便大幅下降，從全班前三名掉到二十多名。老師、家長不明就裡，以為他是因為學習壓力太大，但只有他自己清楚，這事來自於不可告人的難言之隱，但他走投無路。

李躍說在放暑假前曾給我打過電話，但我沒有印象。而他選擇在開學前兩天過來諮詢，可見其內心的衝突已無法自我調節。

深入對談後，我了解到他自慰的頻率大概每週兩、三次，並無異常。看起來這屬於行為問題（強迫傾向），實質上是與道德有關的認知問題。

成長過程中會產生錯誤的觀念（刻板的道德觀）、對現實的錯誤評價（自慰是種罪惡）、青春期的自身性格問題（內向、富於內省、追求完美），以上種種共同作用，使一件原本簡單正常的事持續發酵、氾濫成災。

由此可見，「自慰」只是一顆長出心理問題的種子，換成其他種子掉進這片「沃土」，也隨時會長成遮天蔽日的大樹。若要連根拔起，防患於未然，就得翻新這片土壤，那不是朝夕之功，而眼下首要工作就是得砍了這株植物。

顯然，他認為自慰是不被允許的壞事，他自己就成了見不得人的壞人，既不能接受自慰的行為，也不能接納會自慰的自己，他的苦惱、掙扎，可想而知。反過來，若我們幫他理解自慰的本質，以科學、客觀的眼光去看待，改變其認知，從而使他接納自己的行為並接納自我，看來是比較簡捷易行的路徑。

而我和他的會談內容大致如下：

性是人類最基本的需求之一，也是人類存在的必要條件。如果單純從生物角度看，人就是性行為的產物——因為性，我們得以繁衍，進而創造出人類文明。

性和睡覺、吃飯一樣，滿足性方面的需求是基本的人權。對於性，不必也不能「戒」，而要「疏」，自慰是辦法之一。

「自慰」是科學術語，常見說法為「手淫」，這個詞常用卻帶有明顯貶義，還有一種更書面的別稱叫「自瀆」，也含貶低之意。出於主流文化的偏見，自慰是性行為的一種補充，出於科學觀點，自慰則是標準的性行為方式之一，是一種正常的生理現象，因此，將正常冠以「淫」字反映出大眾認知系統的偏狹。

就他十六、十七歲的年紀，性發育已然成熟。在西方社會，十多歲就品嘗禁果實屬平常，再回溯我們的歷史，古人在這個年齡都已娶妻生子了。漢武帝十七歲邂逅了未來相伴四十九年的衛子夫，而後者是中國歷史上第一位擁有獨立謚號的皇后；蘇軾十八歲娶了十五歲的王弗，而後者讓他留下了「十年生死兩茫茫」的千古絕唱。身為現代人，我們生活的時代背景和意識形態，這個年齡還不充分具備獲得兩性之愛的社會條件（如果一個高中生公開做出這等事，恐怕不是被家裡威脅打斷腿，就是要被學校勒令退學）。

身不由己、心有旁騖，所以，通過適度的自慰宣洩性能量、滿足性需求，不僅無關道德，而且是正當、自然的個人權利。不光是他，不分性別、年齡、種族，所有人都有可能也都有權利這樣做，包含他的父母、老師、同學。

自慰本身沒有任何危害，有危害的是對自慰錯誤的認知。或者主觀臆斷自慰會傷害身體；或者認為自慰是骯髒罪惡的兒而深陷道德漩渦；或者兼而有之。當然，過度自慰就如暴飲暴食，過猶不及，於身心健康無益。

之所以會有以上的錯誤認知，除了一個人自身的認知水準之外，還跟家庭、學校教育密不可分。多數家長對性教育諱莫如深（李躍表示父母從未跟他說過類似的話題，只是旁敲側擊地要他不要太早談戀愛），學校方面也只是輕描淡寫地上幾堂健康教育課（李躍表示老師跳過「敏感」章節，要他們自己讀）。

這兩種教育主體傳達出的資訊，不是狹隘、刻板的貞潔教育，就是含糊其辭的生理知識，因而讓無辜的性套上了違禁和誘惑的外衣，致使少年另闢蹊徑，從不當管道獲取「知識」。如此這般地在正統教育和生理需求之間掙扎，演變成劇烈的道德衝突乃至心理異常的，大有人在。很多人和李躍一樣，擔憂自己的行為曝光，會被眾人恥笑，實際上，這只是心理投射和焦慮感所帶來的誤判。

如果不存在影響他人和觸犯法律的問題，自慰是個人隱私，這種行為只發生在個人的私密空間中（李躍說自己只在自己的臥室內自慰），幾乎不會被他人察覺。

會談時的大多數時間，李躍都在仔細地聽，有幾次我表述科學方面的性觀念時，他都會驚奇地抬頭看我。有時他會補充一些情況，或根據交談內容發表一些自己的看法，聽得出他一直有跟著對談內容進行思考。

諮詢的尾聲，我請他總結，他說：「很多事以前都不知道，也從來沒聽說，現在覺得好像稍微解脫了。」

我建議他今後遇事先放輕鬆，盡量建立科學方面的認識，若還有困惑，可閱讀相關專業書籍尋找解答。

道謝後，他走得迅速，我聽見他輕快地跳躍的腳步聲。

就諮詢目標而言，自慰之惑是短期目標，個人成長才是長遠目標。半年的困惑用九十分鐘化解，當務之急基本上是解決了，我知道，他不會再來。他估計是拿自己的零用錢付了諮商費，錢不夠之外，我還多送了些時間給他。

果然，他沒再來過，我想他大概不再糾結於此了。現在的他，大概二十六歲、二十七歲了，該是個成熟的年輕人。

和李躍類似的情況，後來我還遇到不少。

程實，高三男生，有社交恐懼、對視恐懼、強迫症。諮詢進行三個多月時，忽然在一次諮詢的開頭，拿一篇文章給我。他漲紅著臉，表示因為現在可以完全信任我，便鼓起勇氣把以前沒說過的情況告訴我，但因為說不出口，所以寫下來。

他的字歪歪扭扭、力透紙背，像是用了極大力氣去寫似的。內容大意是他經常自慰、次數很多，他控制不了自己，除此之外，更重要的是他會幻想著自己的女同學，而他擔心被別人誤解，怕別人覺得自己思想骯髒、卑鄙下流。

我先感謝他對我懷有莫大的信任，也肯定他的坦誠和勇氣，然後告訴他，我能夠理解他的苦惱，而且完全接受這樣的他，不會因此改變評價，反而覺得他很真實，因為他並沒有做錯什麼。然後，我打開電腦，搜尋有關「性幻想」的新聞，跳出許多中外明星、名人的公開言論。接著，我翻開《變態心理學》一書中關於性心理障礙的條目，讓他了解自己的問題不屬於異常。我又拿出《性學報告》，讓他閱讀有關自慰和性幻想的章節，看看那些和他一樣的普通人之狀況。

最後，我與他開始交談。他平靜了下來，表示對於這個問題，他應該能放得開了。我們也約定，以後再有困惑，可隨時交流，而他沒有再提出類似的問題。

夏荷，大四女生，廣泛性焦慮症，伴隨著失眠、強迫症的情況。諮商了幾個月後，有次她面有愧色、吞吞吐吐地表示，她並不是不信任我或擔心我不願接受她，只是不太好意思開口。她從高中開始就會自慰，近來因為焦慮情況與強迫症，她陷入情緒、行為相互作用的惡性循環中。

我和她的諮商關係不錯，如她所說，她不是不能面對我，而是不能面對自己。相比前述兩名高中男生，她對性的認知水平更高一些，理解力和接受度都佳，所以困擾程度較輕。

艾妮，三十歲的高中女教師，有恐慌症，也有心境障礙。丈夫罹患慢性疾病，兩人長期性生活不和諧。她表示自己從結婚以來未曾有過性高潮，經常做春夢，甚至懷有被強姦的性幻想（其實是常見的性幻想之一），因此會有罪惡感。有時她會想用出軌來滿足自己的性需求，雖然身邊有追求者，但自己生性保守，不可能付諸行動。

諮商過程中，我建議她以自慰解決性需求（研究表明，自慰的快感通常高於性生活）。她覺得這樣做違背了自己的道德觀，雖然好奇、渴望，卻從未嘗試，也不知如何進行。

比較年輕的諮詢者，特別是處於青春期的青少年，常會深受一些成年人眼中的小事（自慰、青春痘、暗戀……）困擾，結合年齡來看，其實這種現象很正常，因為他們的自我認同之終身課題已經開始。他們雖然認知有限，但思維活躍、可塑性強，在這時期及時解決問題，遠遠好過一路逃避著長大的某些成人。

最後，當一些成年諮詢者坐在我面前，訴說著自己從年少至今的苦惱，拘泥於當下的困境，追悔當初未能及時處理，我也不免感到苦惱。事到如今，積重難返。

說回自慰。這是一種正常的性行為，因為錯誤的認知究竟讓多少人陷入痛苦和無望，我們不得而知，但我敢說這數字一定遠超過你我的想像。而自慰，卻只是性知識、性科學的滄海一粟。性是人類的本能，它不像呼吸、飲食、排泄可以無師自通，中國古代的春宮圖就承擔著性教育的部分職責。

時間行進到今日，性教育早已不再侷限於對性行為本身的了解、學習，而是從嬰兒後期（二至四歲）開始至成年，涵蓋了性科學、性道德、性文明的社會化過程，並涉及家庭、學校、社會三方的系統性教育。

比如英國政府規定，必須對五歲的兒童進行強制性性教育。良好的性教育會讓孩子對性、性別、性別角色三者產生客觀、合理的認知，進而能自然地接納自我、尊重他人。

事實上，多數華人的「性學導師」是色情文學和三級片，即便如此，不乏到了二十幾歲還雲裡霧裡的，甚至連我自己在內，也是這樣稀裡糊塗地長大。

算是運氣好，我一向有個特點——有了困惑，我首先關心的不是現象（做什麼），而是關注現象背後的成因（為什麼做）。十幾歲時，我去書店，經常躲在書架後翻看一些關於性知識的書籍，雖然對那些圖解和術語一知半解，但好歹接觸的是科學知識。

我還有點百無禁忌、見怪不怪的個性，除了一些大是大非，對很多邊緣化、具爭議性的禁忌之事頗有彈性。如果不是這樣，我幾乎肯定自己會發展成長年累積的強迫症（十四歲時，我有過半年多的強迫症狀，後來找到方法自癒）或是焦慮症（三十一歲時，我克服了困擾自己近三十年的演講恐懼症）。

總之，這樣的我成了心理諮商師。

我接觸過的案例，半數涉及性或以性為主要諮詢目標，輕者如自慰、性觀念偏差，性生活不和諧等，而戀物癖、偷窺在性心理變態中算是常見的，也有少數比較具難度的問題，從性侵害，受虐狂到亂倫等，但，以上全部，確實都會發生的。

告子說：「食、色，性也」，而《禮記．禮運》則言：「飲食男女，人之大欲存焉」，先賢都尊重人的天性，那麼你我呢？

當我們從孩子到長大成人、到為人父母，當我們從面對父母到面對自我、到面對如當年的自己一樣幼小而懵懂的孩子，我們希望他們成為怎樣的人，就要先努力去做那樣的人——坦然、文明地談性說愛的人。

「受騙」與「隨喜」

老友阿湯告訴我，聽說小學同學海鷗的女兒四年前得了白血病，最近孩子狀況不大好。海鷗是我小學一年級時的同學，我們已有十多年不曾謀面。

做媽媽前，我只在理智上知道母親對孩子的感情，有孩子後，我才真正明白那種無論如何都不能失去的揪心。於是我和阿湯商量，想幫海鷗做點事，她聯繫同學，我張羅媒體，多方募捐。

忙了一陣子，反響不錯。這時，有人在網上發文表示海鷗一家有房地產，並未傾家蕩產，比其可憐的也大有人在，言下之意是——這家人是借孩子的病斂財。

這話不理也罷，但我們是「始作俑者」，若幫了人又害了人，於心不安。因此，征得海鷗同意後，我用兩天時間寫了萬餘字的〈我們的愛心被騙了嗎〉，並將文章刊登在網路上。

整理資料時，海鷗說：「我有種被扒光衣服的感覺。」我說：「妳要想，那是因為妳不需要掩飾。」

海鷗最難過、擔心的是那些幫助自己的人會不會覺得自己受騙，而她也不知道該怎麼解釋。文章的最後，我寫了這句話——有位長壽老人曾說，「活著」最難的是「與生活和解」。需要「與生活和解」的，有海鷗一家、有我、有你，也包括前述的發文者。

言歸正傳，昨天下午我收到一連串諮詢者的簡訊，是年輕的鐵達尼看到那篇文章後傳來的。

鐵達尼是恐懼症兼強迫症患者，剛剛結束了大考，已經找我諮商兩年了。

他是標準的好孩子、好學生，但思維刻板、認知僵化，缺乏彈性又被過度保護，因此謹慎又追求完美（正是滋生強迫症和恐懼症的豐饒土壤）。他很有禮貌也很配合，懂得思考也會提問，但顯得過分順從（這其實是一種阻抗表現）。

他總會準時赴約，早到就在樓下等，時間一到才上樓來。這樣的表現讓我發現他其實挺有想法、挺有個性的，有時他說的話也極富靈感、巧思，偶爾流露出一點真性情，再帶一點孩子氣，有著成年人早已失去的坦然、率真和無畏。

林懇出生後，坐月子的我曾特意為鐵達尼安排一次諮詢，當時他面臨大考，考量到這是他學業的關鍵時期，我不想怠慢，便穿著睡衣靠在床邊，讓他拿張椅子坐在一旁，然後，我們進行對話。雖然這樣不大正規，但為了救急也沒更好的辦法。

大考前，他在模擬考考了全班第一的情況下，突然厭學、離校、閉門不出，晨昏顛倒，情緒激烈、行為暴躁，完全自暴自棄。

我建議他父母先請班導師出馬，班導師都已到了鐵達尼家所在的社區，但因為鐵達尼聽見了媽媽和老師通電話，搶過手機砸了出去，班導師只得打道回府。父母覺得他瘋了，無計可施、一籌莫展，請親友出面也都碰壁、無功而返。家人噤若寒蟬，小心翼翼地對待他，也把他當成是精神病發作的怪人。

最後，我前去「家訪」。等了兩小時，他蓬頭垢面地出場，往沙發上一攤，全無往日形象，態度極其傲慢無禮。

我不予理會，跟他家人談了兩小時，他間或插話，言語粗魯，但這也說明了他其實一直都有在聽。之後，我請大家離場，我單獨面對他，用「自證預言」加「教師期望」表明：他不是瘋子、病人，完全有能力做正確的抉擇，而我認為他可以表現好卻沒達到應有水準，因此他必須被嚴厲責備。

我有技巧地怒斥他：「好啊！你這小子很熱血，我就知道你沒那麼乖。有熱血就該用在正道上，別在這裡胡鬧瞎搞。你明明知道該怎麼做，根本不用我們這些外人廢話！我清楚你不是沒骨氣、沒勇氣的人，所以一直很信任你，希望你真能讓我瞧得起！」說完我便拂袖而去。

急症下猛藥，其實我也忐忑不安，不知這一劑續命藥有沒有效。如果不參加大考，這心高氣傲的孩子恐怕很難再站起來，前路黯淡堪慮。然而，他該往哪個方向走，決定權始終在他手裡，我只不過是個嚮導。

兩天後，他做出了決定——回到學校，堅強地面對自己的人生。幾天後，他向我表示：「我也很佩服自己。」我長吁一口氣後，心想，這小子是老天爺派來考驗我的。

現在，來看他最近傳給我的這些訊息吧！

在網上看到愛心捐款的事，我有點兒想法：首先，關於之前的志願者反悔一事（我曾和海鷗一起去電視臺錄製節目，講述他們遭遇了骨髓配型成功後被志願者拒捐一事），一開始覺得有些氣憤，後來感覺沒那必要，就像我之前剛看到這事確實有捐款的衝動。但是因為大考成績還沒下來，心情不好，就先把這事擱置了，因為我還不知道自己會到哪上學，根本沒心思管別人的事。志願者反悔也有可能是遇到了什麼情況，這種捐獻我覺得對「七年級生」、「八年級生」來說，能維持一年左右的熱情就很不錯了，至於，要說一輩子負責，這根本是天方夜譚。其次，關於愛心受騙一事，我本身是相信這家人的，而網上出現了質疑的文章也未必是壞事，至少起了一個提醒作用。我其實不太在乎是否受騙，因為如果我的捐款既是對他人的幫助，也是對我自己行為的肯定、獎賞，就算對方是騙人的，那也只能騙我一次，因為我內心善良的陽光永遠真實！

心理諮商師大概是世間最艱難的工作之一，這份工作僅憑一己之力是無法完成的，面對的不是事，而是人，更是人心、人性，這工作不是力氣活，只能靠巧妙的方法來四兩撥千斤。

我的工作與快樂無緣，開心的人從不來找我。壓力高，過程煎熬，需要無比耐心，成就感來得慢……但有時，會意外地獲得回報。

鐵達尼的話坦率又實在，還有中肯的換位思考，真誠的樂觀、包容。你可以說他還年輕，但正因為他年輕，他的文字才更擲地有聲、更具生命力。

我偶然看到星雲法師在《捨得》中闡述了關於「隨喜」的一段話：「社會上，多少人慈悲為善，救助傷殘，我給予隨喜贊助；社會上，多少人勵精圖治，建設功業，我給予隨喜讚美。「隨喜」是美好而有德的行為。做好事，說好話，我雖然沒有能力為之，但是你做了，你說了好話、做了好事，我很歡喜，我隨喜讚嘆。佛說，果能如此其功德與親自去做沒有分別。可見「隨喜」在為人處世之道上的重要。遺憾的是，現在社會，有隨喜美德的人畢竟太少了，大部分人都有些幸災樂禍。例如，你有錢而資助傷殘孤老，他批評你所做的只是九牛一毛；你經濟拮据，但對善事也贊助若干，他卻說你打腫臉充胖子。整個社會因為沒有養成隨喜的習慣，到處任意批評、肆意踐踏，這樣的社會哪裡還能有好人好事呢？這個社會，你好、你善、你大、你富，我嫉妒你；你貧、你窮、你笨、你愚，我看不起你。你不行善，我來行善，你批評我不是；我待人慈悲，你不慈悲，你說我慈悲不夠。任憑你怎麼做，他都要中傷批評，令人不禁想問：你希望這個世界，你不行，他不行，大家都不行，難道要大家同歸於盡嗎？」

讀到這裡，你的腦袋裡會不會冒出一位老和尚，滿臉慈祥地循循善誘著說：「難道要大家同歸於盡嗎？」

想到此，我不禁一個人在家大笑失聲！下面的真言看不下去了，把書一丟！心情大好！罪過罪過！但我相信大師不會怪我，他有如此的幽默感。

難道要大家同歸於盡嗎？你讀讀看。

交織的時間

那些我們共同度過的時間裡，我們各自存在於各自的時間，擁有迥異的生命體驗——那些我不在的時間裡，他們存在於自己的時間；那些他們不在的時間裡，我存在於自己的時間；那些我們都不在的時間裡，無數人存在於自己的時間。

上篇——M

國中同學畢業二十週年聚會，我剛到，有個男生M就迎上來對我說：「你還記得我替你洗過衣服嗎？」

多年不見，物是人非，我還沒調整好去適應那些曾經熟悉又已然陌生的面孔，猛然被問到此事，簡直有做賊心虛、驚魂未定之感。

但我記得他，他是當時坐在我後面的男生，一個討厭的傢伙，為人冷淡，言語嗆辣，面目可憎，俗稱「臭鱉」。他個頭中等，眼睛大而略為突出，面無表情，或者說，他唯一的表情就是用那雙大眼冷冷地、厭惡地瞪著你看個幾秒。

印象中，M成績不錯，算是好學上進，但個人風格只能用「陰鬱」來形容（還有個更貼切的形容詞「半死不活」），一副別人欠他錢的臉——尤其對女生，彷彿都跟他有不言自明的世仇。

慶幸國中時已不再是男生、女生同桌，不然他一定是那種會用尺畫上筆直的「楚河漢界」而妳一旦越線保證會用手肘狠狠撞妳的那種人。我敢肯定他可以完美演出衛道人士這種角色。

跟M同桌的是全校聞名的混混W，穿著那時期港片流行的奔褲招搖過市，自以為既壞又酷，還起了個自甘墮落的名號，結成了個「四人幫」，夥同著蹺課、抽煙、打架、欺負低年級生並進行敲詐之類的事。

除了讓老師頭痛和被大多數人繞道而行外，W沒搞出什麼驚天動地、為非作歹的名堂，卻洋洋得意。

這樣大相逕庭的兩個人，居然互敬互讓、互相維護。若是現今，可能會有人說他倆是好「同志」。在二十年前，我除了納悶男生的友誼，只有哀嘆，為什麼偏偏就是他們倆坐在我的後面。

回想當年，十三歲的我也不算省油的燈。我一直很在意人際關係，但跟這兩位從一開始就相互看不順眼，不時發生摩擦，實在無法和平共處。我容易感情用事，脾氣又臭又硬，我沒辦法像小鳥依人的同桌女生那般忽視他們，不激惹他們。大概在他們看來，我也是個可惡的女生。

M還在對我說話。短暫的慌張後，我鎮定了下來。M變化不大，只略胖了一點，令我暗暗吃驚的是，他用那三年裡都不曾有過的燦爛笑容在對我說話。大意是，他在國二的時候替我洗過衣服。那次他不小心把墨汁甩到我衣服上，我去跟老師告狀，老師要他把我的衣服帶回家洗乾淨後再還給我。其實他不是故意為之，但老師這樣說，他心裡雖然氣得要命，也沒辦法拒絕。他把我的衣服帶回家，不敢讓家人知道，只好先上床裝睡，半夜裡偷偷爬起來，悄悄進浴室洗衣服，然後邊洗邊哭。總之，那件事害慘他了。

在一大片雜亂的資訊裡，我困惑地摸索，忽然抓住了記憶的線頭——確實有這麼一件事，只不過那是以我自己的角度記住的。

好像不知怎的衣服後面有一道墨蹟，本來以為是W幹的，因為我和他關係緊張，他經常踢我的椅子、抓我的頭髮。衣服髒了，我回家不好交代，所以去找老師告狀，哪知道是M。當然，對我來說，他們一丘之貉、半斤八兩。

而我是怎麼把衣服交給他又怎麼拿回來的，我已經忘了。重新回想，似乎是件淺色的衣服，墨漬也沒有完全洗掉。假如他是半夜洗的，衣服是怎麼晾乾的呢？難道他沒曬乾就還給我？我全無印象。

M講的時候，並無責難，頂多帶點玩笑，像是在跟老朋友分享一件不為人知的趣事。而他邊講邊笑，是那種成年人真誠坦率、不計前嫌、詼諧自嘲的笑。

確實也蠻好笑的，想想，一個少年滿腹心事地假寐，好不容易等到夜深人靜，再爬起來，提心吊膽地洗女生的衣服，邊洗邊哭、邊哭邊咒罵。

二十年前流過的淚水，匯入心底的記憶河流，直到今天才噴湧而出。二十年來，這件事帶給他的辛酸，我渾然不覺，因為我早已把那件衣服和那見事拋到腦後。

每個人都是如此吧！對某個人而言，我們是記憶中不滅的片斷。而你我的記憶中，也印刻著很多個「某個人」——愛過的、恨過的、苦澀的、溫暖的、難忘的、想要忘卻的，關聯著自己的七情六欲，關聯著成長的陣痛和時間。

聚會之後是戶外活動，大家要手拉手圍成圈。男生、女生接壤的一頭恰好是我和M，另一頭則是當年班上轟轟烈烈的一對（那一對曾到了論及婚嫁的地步，只可惜最後沒修成正果）。一邊是愛，一邊是恨，不知何時，愛不再，恨也不再。愛恨情仇最後都敗給了時間，時間就這麼難以察覺又乾淨徹底地消融了一切。如今，歲月把我們鍛造得身材豐滿、性情老成平和又更為寬容。

遊戲時需要把手放在前一個人的頭上，M站在我的身後，他的手輕而軟、小心而禮貌。他始終保持著令人愉快的笑容，遊戲中不時大方地講幾句俏皮話。

我倒不知道他原來是這麼一個可愛的人，或許還因為不知情所帶來的內疚，我幾乎可以說有點喜歡他了。他和我印象中的樣子已經完全不同，到底過去那個陰冷、生硬的他什麼時候走到了陽光下，我不得而知。

也許，那個男孩在冷漠的外表下藏著一顆敏感的心，藏著一個渴望長大、幻想獨立、有著無謂掙扎與害怕又拒絕承認卻無處可逃的自我。而我何嘗不是。一路走來，我們都在嘗試掙脫重重桎梏，直到某天，可以面對自我時，才可以面對記憶中的某些人。

下篇——W

中午聚餐，在一個偌大的餐廳，一共兩桌，我左手邊是坐M旁邊的W。

二十年來，我和W只見過一次面，大概在十年前。那時，我去一間書店買書，一進門就見到他。學生時代，他是瘦削的，眼神活靈活現，是那種戴著眼鏡卻不學無術的面相，可是，眼下卻像吹氣似的，胖了大概半個人出來。

變胖的他顯得老實多了，如果我不了解他的歷史，可能還會以為他生性老實、循規蹈矩、隨和誠懇。他的眼神也不像過去那般，遲鈍了許多，有些若有所思的意味。

其實我無意和他敘舊，畢竟學生時代我倆也不是那麼和睦，但老同學相見就有這特點——原來不相熟的，現在倒有點一見如故；原來不說話的，現在倒有些相談甚歡；原來沒交集的，現在倒能夠暢所欲言；原來靦腆的，現在因為臉皮都厚了而無所顧忌，而成年的好處是讓我們臉皮變得厚實了。

所以我和他開始瞎聊一頓。他有交談的欲望，正好我一向很少談論自己，話題便自然圍繞他轉。他現在在書店上班，工作是他在文教產業做了多年主管的父親安排的。

他比過去安分多了，上學時那些胡來的事早不做了，那些前塵往事離他現在的生活太遠了。他還沒結婚，也沒找到對象，用他奶奶的話來說就是「以前吃得太飽，以後就沒得吃了」，總之就是前面得到太多，後面自然就沒了。

然而，這句話的意思觸動了我，這裡面有關於平衡的哲學思想也有一點宿命論的味道，我有點分辨不清，也不知道哪種更占上風。

他說的時候，是鄭重其事的，也是唏噓感慨的。我想這對他來說，是種具安慰性質的合理解釋——上學時不走正道，出了社會卻做起規規矩矩的書店職員；上學時提早談戀愛，等到適婚年齡卻找不到合適的對象。原來，都是因為提前消耗而飽和了。過去的輝煌和叛逆無疾而終，像場鬧劇，曠日持久而被時間的疾風吹得褪色，在記憶中逐漸斑駁，像是笑話似的，映照著現下。

他真的安分守己得多了，可能我比他還「危險」。要知道，當年他可是個問題兒童。他微胖的臉很光滑，可能還有些多愁善感，已找不出執拗的棱角。

他平鋪直敘地講著，我一直隨聲附和，沒多說什麼。我想，我有點惆悵。

以上是十年前的W。

而現在，他坐在我左手邊，比過去更胖些。和十年前一樣，他毫無鋪墊地說起自己的經歷。我不清楚，是否擅長傾聽是我一貫的本色，反正從小學起，同性就喜歡對我傾訴，成年之後，如果我給機會，異性也會如此。在做心理諮商師之前，我就守著很多人的秘密，之後，這成了我謀生的技術。

傾聽需要圍繞著對方進行，令對方覺得在這場談話中，你專注且關注他，能理解、接納他，所以，你要做配角。你這配角要給人安全感，不能太張揚或搶戲。好的傾聽者能讓人不知不覺地越說越多。有時，我覺得，我可能也喜歡隱藏在傾聽的態度後，因為這讓我也能擁有安全感。我疑惑著若是W碰上一樣多話的人會怎麼樣？畢竟，他訴說的欲望很強烈，而我的態度像助燃劑般鼓勵了他。

聚餐的場面熱鬧嘈雜，其實我不大能聽清楚他的話，有些字詞或句子會被公共場合的聲浪吞沒了，而W又前進到下一句，聽不得要領的我只好一面猜測地努力填上空白，一面裝做了解般地做些應景的回答，還要注意別讓自己過分恍神。

而我也聽出一些大概——他已結婚生子，像大多數同年齡的人一樣，來到了上有老、下有小的人生階段。對孩子，他很無措，不知怎麼教才好，他希望孩子爭氣，但他成不了榜樣，他從來不是父母的驕傲，正因如此，這加深了他的焦慮。

為人父後，他才慢慢能理解自己的父親，想起父親曾對他說過的話，或老生常談，或語重心長。那時的他尚不開竅，現在明白了卻遲了、回不去了。

現在的他，嘴裡不自覺地對孩子重複當年父母說過的話，而他的孩子像當年的他一樣不懂也不解。如今，面臨同樣的無奈，他終能體恤父母的良苦用心，可是自己已步入中年。

小時候，他是叛逆而讓父母操心的那個，而他的弟弟小時候聽話懂事，長大了倒自有主張。因此，長大了以後，他走上父親安排的路，留在老家，留在年老的雙親身邊，而弟弟遠走高飛，闖出了自己的人生。

他似乎總在追悔，以不斷反省的方式追悔，這既是成熟的表現，也是不能接納自我的反應。身為子女，大多有這樣的情結——在想討好父母、渴望被父母認可與希望能自行其是以達到自我認同的兩種情結中，矛盾衝突、輾轉反側。

但他說的也有幾分道理。這幾年，我也發現自己脫口而出的話越來越像父母，包括那些曾經最不入耳的。除了處境相似，還有原生家庭的烙印，從小耳濡目染的，都慢慢顯現出來。

我們是真的成年了，取代父母，坐上社會中流砥柱、生活中堅力量的位置。一方面有經驗、有資歷、有氣場，一方面仍在困惑與質疑中躑躅，不知自己身在何處、去向何方、該如何自處。

這頓飯我吃得很混亂，要應對W、要和老同學應酬、要向老師敬酒、要填飽肚子並留心別錯過愛吃的菜。

這麼說，不是淡漠無情，而是坦率實際，我當這是美德。我的詩意柔情不在面上、嘴邊，而在事隔三年才寫完的這篇文字裡。

後記

博爾赫斯在其名篇〈小徑分叉的花園〉裡，透過漢學家艾伯特與中國人余准的交談，留下一段耐人尋味的話：「《交叉小徑的花園》是崔朋所設想的一幅宇宙的圖畫，它沒有完成，然而並非虛假。您的祖先跟牛頓和叔本華不同，他不相信時間的一致，時間的絕對。他相信時間的無限連續，相信正在擴展著，正在變化著的分散、集中、平行的時間的網。這張時間的網，它的網線互相接近，交叉，隔斷，或者幾個世紀各不相干，包含了一切的可能性。我們並不存在於這種時間的大多數裡；在某一些裡，您存在，而我不存在；在另一些裡，我存在，而您不存在；在再一些裡，您、我都存在。」

我不知道，M是不是真的變陽光了，聽說W依然辦事不牢。他們認識的我和我認識的他們，都是不完整的。

在時間的迷宮中，我們各自存在於各自的時間，僅在一些節點上匯合。

在相同的時間段落裡，每一個人都擁有獨立的時間；在相同的時間段落裡，沒有人能佔據時間，沒有人能知曉全部。就連我們自己的時間都支離破碎地散落在過去、現在和未來，儲存在不可信的記憶之中、不可控制的當下、不能預知的明天。

人類唯一擁有的、大抵平等的，就是時間，無聲無息、生生息息的時間。

而這篇文章，給M，給W，也給我自己。

少年祭奠

這一篇，是我打了二十年的草稿，這二十年，始終沒有把握能寫好。曾寫過一回，但覺得不滿意，連原稿都未保留。而現在，終於要落筆了。

就從二十年前開始說起吧！那年我不到十八歲。

整個學生時代我都過得渾渾噩噩，在數學課看言情小說，英文單字從來不背，天曉得我是怎麼混過聯考的——除了國文高分，數學以外的科目居然都及格了。

我讀的是間明星高中，同學們全是各國中的頂尖學生，可謂是遍地「資優生」，每個都志得意滿，身為公費跨區就讀的學生，我心情其實很複雜。

後來，我和一些當年同樣處境的同窗交流，大家都有類似的感受。畢業後，我既有出身名校的優越感，又有著整整三年所經歷的自卑、邊緣化之自我體驗，五味雜陳。

其實，自己這麼看自己，周圍人倒未必。譬如老師。

高三開學，來了一位新的英文老師。老師四十多歲的樣子，中等個頭，滾圓的而白白胖胖，蛋型腦袋配上橢圓形的臉，平頭、濃眉、小眼、厚唇。

他很愛笑，遇到學生總會喜笑顏開，笑起來，眼睛就瞇成兩條線，厚嘴一咧，就露出整齊的兔牙，和法令紋相互呼應，整張臉充滿喜氣，頗具喜劇色彩。他不笑時，那細長的眼縫裡會透出近乎冷淡的精明、銳利，面容嚴肅而憂慮，不動聲色的威嚴。

他是教務主任支孝文，講課水準聞名全校，高三只教我們一個文組班。就這麼一位應該要正襟危坐的老師，第一天上課時，說了如下的話：「同學們，不要太緊張、不要太在意成績，輕鬆點，每年大學裡都有跳下來的。你們不知道吧！還不止一個。」

我佩服自己的記性，記不住英文單字，卻忘不了這些時間碎片。還有人記得他當年用這番話做開場白嗎？至少，這麼多年後，有一名學生記得。

這番話對我的處境其實意義不大，我想到名校跳樓，那也得警衛放行。如果我真的考進去（見證奇跡的時刻），那我肯定不跳啊！就算成績倒數，睡著了也還是會笑醒的。

但這番話，對我塑造自我卻有著十分重大的意義。

一個老師，用他獨有的方式，向我展示了——人，不必循規蹈矩、人云亦云，完全可以用自由的精神、獨到的見解、辯證的眼光、包容的認知去驅除狹隘、統領自我。

即便是一位準備要帶著學生迎接大考的名校名師。

我還記得，他說這番話時笑咪咪的神情，只是那神情裡有種掩飾得很好的深意以及淡淡的憂慮——一個過來人故作詼諧的警告，還有輕描淡寫的安撫。

我也記得，臺下輕微的騷動，低聲的竊竊私語，驚奇的面面相覷，似乎大家都意想不到。

就這樣，他和我們開始相處。

儘管我英文不好，也能分辨出老師水準的高低——他確實在教學上很有建樹。不過一個老師之所以高明，除了教學，還有其他原因。

他對我沒有特別注意過，畢竟我不是給他爭光的學生，但他對我的好，我心裡知道。別跟我說什麼女人的直覺，我的直覺從來不靈，我是用經驗和邏輯來判斷事物，這樣才有可能準確。

他上課會提問，習慣一次叫一排學生回答，往往從坐第一排的開始往後。

我前後都是「資優生」，英文成績一流，證據就是前面的閨蜜昭以及後面的女生H，大學都念了英文系，至今都靠英文能力吃飯。

他叫昭回答，我嚇得脊背發涼，眼皮下沉，正在想到底怎麼對付這在劫難逃的丟人情境時，他跳過我，叫H回答。

我死裡逃生，但危機還在，因為假如他只跳過我，下面依次叫，那不坐實了我是壞學生，被忽略、被冷落的處境將更加難堪……

就在我胡思亂想時，他又跳過一個同學。就這樣，一直到這一列末尾。他在保全我的自尊。有幾次，他一個個問我們這排，但問題是容易的，我能答得上的。其中有個問題至今我還記得，大概是「你最想做的事是……」。同學們都以為我會回答「最想去看周華健演唱會」，因而準備好竊笑一番。沒想到，我說自己最想養貓，這讓他們稍嫌失望了——拜託，你們以為我英文和中文一樣好嗎？。

我不是好學生，但他是個好老師。他了解我們每個人，他也保護著我們每個人。

接下來的記憶，是在大考前的某天。

星期五下午是自習課，我照例神不守舍，精神完全游離於書本，一點風吹草動都能引起我的注意，這是我焦慮的表現。

不知在哪個時刻，我抬頭看見他胖胖的臉出現在高三教室的窗邊，正注視著教堂裡面。他的臉比平時更沉默，神色尤其凝重。我只想到用這個詞來形容——憂心忡忡。

他就這麼站在窗外，默默地看了一會兒，沒有進來、沒有說話、沒有跟任何人打照面就轉身離開了。所有人都在伏案複習，除了我，沒有人注意到他。

這是我最後一次見到他。

隔週回校的清晨，消息迅速蔓延，有如一枚無聲的炸彈在我們這班孩子中落下，然後以慢鏡頭的方式炸開，碎片四散地紮進每個人的心中。

他在週日上午，也就是我最後見到他的後天，腦中風發作。

消息陸續傳來，有人說是前一晚高三住校生在樓頂聊天，他得知後前去安頓，一整晚不曾合眼，隔天買早點回家後，就突發腦溢血。

此時離聯考還有一週的時間。

誰也不清楚消息的準確性，在惶惑不安中，大家試圖接受和消化。

最後，班導師證實了，他走進教室的那一刻，神情不同往常，大家便迅速而自覺地安靜了。我記不得他具體說了什麼，好像哽咽著，至少在我的印象中是如此。下一刻，教室裡各個角落都爆發出壓抑的哭聲，低低的啜泣、尖利的抽泣。而我只能低著頭，讓眼淚傾流而下。

下面的內容是怎麼聽來的，我忘了，可能是班導師講的吧！支老師和太太當年是同學，太太秀外慧中，兩人一直恩愛如初，是一對被人豔羨的神仙眷屬。家裡有個上小學的兒子，聰敏乖巧。

雖然他圓滾滾、喜感的樣子跟琴瑟和鳴的形象非常不搭，但我隱約覺得，他身上有種旁人沒有的睿智和遠見，同時還有著參悟人生後入世所需的幽默與達觀。跟這樣的人相愛，一定是非常深刻的愛情；被這樣的人所愛，一定無法承受任何形式的訣別。但他就這樣留下了他們。天堂原來可以瞬間崩塌，墜入無邊的黑暗，似人間地獄般萬劫不復。

回到家，我小心地不讓媽媽發現我哭過，然後告訴她這件事。

媽媽很震驚。我跟媽媽要分攤喪禮的費用，媽媽給了五百元。我說：「媽媽，會不會少了，要不就一千元吧？」於是媽媽打開抽屜，又拿出五百元交給我。那是一九九四年，一千塊還算是不小的一筆錢。

老實說，我一直對此愧疚——愧疚自己不懂事，仗著媽媽護我寵我，伸手向家裡拿錢，還嫌少；愧疚媽媽疼我愛我，至今也不怎麼孝順，時常忤逆父母，只把感情藏在漫不經心的表現中。但我沒有後悔跟媽媽要錢，除了這點兒錢，我還能拿什麼給我的老師呢？我這麼不成器，也好像永遠也不會成器了，我還能拿什麼報答我的老師？就算我今後努力做到了什麼，他也看不到了，所有的一切，似乎都沒有用了。對他，時間已經靜止。對我，時間還在繼續。

下一個片段，是個夏日明媚的上午，我們排著隊進入學校禮堂。

已經臨近大考，按理來說是在家複習的最後一週，而這次返校，是為了參加支老師的追悼儀式，所以高三學生全來了。他似乎還帶過國三的某個班，但高三就只教我們文組這一班。我們是高三的獨苗，我們是跟他最親的學生。帶著這份奇異的優越感，伴隨著哀痛的驕傲，我們規矩地排著隊，偶爾壓低聲音交談幾句。

消息還在傳播，據說有外地的學長接連趕來，那時通訊、交通還不那麼便利，但千里迢迢趕來、無論如何都要見支老師最後一面的人，越來越多，所以告別會延遲了兩天。

這就是一位好老師的影響力吧！那個在生命中牢牢地佔有一席之地的人，那個在你童年、少年時光裡影響著你的人，那個向你展現世界並教你看待人生的人，那個不知不覺改變、塑造你的人，那個用一句簡單的話就能在你心裡迴盪一輩子的人，那個你從沒當面感謝過的人……

這麼好的老師，我怎麼現在才明白。

如果時間倒流，我還會不背單字嗎？也許還是會。因為，生活就是充滿遺憾和殘缺，而人也就是這麼賤。

學校禮堂剛落成幾個月，平時不開放，我們都沒進去過。依次進入後，我們坐在階梯的中後排，差不多是電影院觀影效果最好的區域。

再接下來，記憶像受了驚嚇般變得含混不明。

我不記得現場是怎麼佈置的，有沒有一副恰如其分的輓聯？誰講了什麼話？究竟是什麼樣的過程和儀式？應該放著哀樂吧！是不是每個人都戴著白花呢？他太太似乎讀了悼念詞（這可能也是我的想像），甚至我都不確定我們是否走下座位，繞著遺體告別。雖然理智上說理當如此，但我就像失憶的人，只能在事實的門外徘徊。

我無法解釋為什麼在我的記憶中沒有他最終的影像，我能想起的，永遠是當時站在窗邊的他，以及他那張憂心忡忡的胖臉。

我只記得，我坐在座位上，埋著頭，渾身發抖，眼淚像暴雨一樣傾瀉，我控制不住自己。而是不是昭坐在我身邊，把手放在我的背上？我好像依稀記得有人那樣做了。

後來成為我先生的男生坐在我後排左面，周圍全是我的同學，我從沒想過自己會有在眾人面前流淚的一天，還是淚流滿面、哭到不能自已的這種模樣。這回，那個滿不在乎的男人婆再也無法偽裝，她最脆弱易感的部分不堪一擊且放棄了抵抗。

學生是分批進入禮堂的，輪到我們時，已接近儀式尾聲。走出禮堂，大家都長嘆一口氣，所有剛哭過的人都帶著輕微的憂傷和疲憊，鬆弛了壓抑的情緒，淚痕也很快地被風吹乾，然後，各自收拾心情地離開。

我躲過別人的視線，也避免和人交談，迅速找到自行車，一直騎到學校大門，悄悄地找了個地方等著。遠遠看著同學們陸續離開，我小心地不被他們發現。

不久，靈車開了過來。我騎上自行車，開始跟著。我知道，它會經過我的家門，它的路線就是我每天上學的路，那一條長著茂盛法國梧桐樹的街道。

我緊跟著車，它時快時慢，不帶感情地在夏日濃密的樹蔭裡，在熙熙攘攘的車流和人群裡穿梭。車裡有我的老師，有他最愛的家人。車外是個騎得飛快、懷著不明就裡執著而一路狂追的孩子。有時車離我遠了，我很快地追上。偶爾我回頭看，確定有沒有人和我做著同樣的事。我不明白自己為什麼要這樣做。我就是想這樣做，這輛車裡載著我難以理解的荒謬和無從參透的無常。

終於，我跟到了自己家附近，林蔭道的末尾。我猶豫著慢了下來，車子很快地拉開距離，毫不留情地絕塵而去。我停在路邊，緊盯著那輛車，滿心躊躇，目送它越來越遠，直到它變成一個模糊的點。那年七月，少有的酷熱。我在烈日午後，渾身像浸泡在冰水中般徹骨的戰慄。

我知道，讀到此處，以上所有文字帶給你的，是壓迫和混沌。這是我的記憶，它像一幅永遠無法完成的拼圖，一些歷歷在目、鮮豔如初，一些則隱身在時間灰暗的布幕之後。在事件和情緒的衝擊下，大腦無法完整、客觀地載入親歷的時間，像目擊證人一般不那麼可靠。唯一可靠的，只有當時的感受，那直接、瞬間並經過時光提煉的感受。

大考最後一週的變故，讓我靈魂某個部分倏然熄滅，不是暗無天日，而是茫然若失、破碎虛空。靈魂這個形上又滑稽的詞，你一定有某一刻曾虔誠地觸摸過它，或者它曾鄭重地觸摸過你。

我至今還能感受到當年的困惑、不平。命運毫無徵兆地向我展現出荒謬詭譎的景象——生命中無法承受的無常。它不是為了愚弄和嘲笑，它沒有目的、全然無謂，只配被無視的我不過是它腳下苟且的螻蟻，那種被壓迫的感受與壓迫者渾然不覺的狀態相對比，猶如沉寂地表下洶湧的岩漿，攪得我片刻不得安寧。

無法和命運抗衡，不等於無能為力，我可以改變命運，而不是必定被它主宰。

也許，聰明人會寫到此處，以此做為全文的結束。以一個老師的英年早逝開場，以一個少年的年少輕狂謝幕，戛然而止。然而，生活並不那麼應景。寫到這裡，是完美的收尾，卻將失之完整。這件事，對於我，還沒結束。也許，接下來才是最難寫的部分。

他，是機緣巧合相熟的同班男生，看上去很乖，偶爾也會點小曖昧。對我這個貌似叛逆乖張、實質悲觀敏感的女生來說，他從不是我有興趣的對象。以往我喜歡的男生，都擁有我沒有的性質——自信。

而他和自信無關，但他有種憨厚的明朗、平凡的安慰。這似乎也讓我的心裡滲透進一些空氣、一點陽光。我，同樣也從不是他會鍾情的姑娘。

我們根本存在於兩個世界。

我承認，我有時是個瘋狂的女孩，真正的瘋狂總是伴隨著真正的冷靜。既然命運跟我開了玩笑，我也要和它開個玩笑。雖然我無法阻止它主宰，它也無法阻止我作為。

我做了決定，聯考結束，我要和他在一起。這個我沒愛過，也不可能去愛的人；這個沒愛過我，也不可能愛我的人。而這個人正是我的先生。這已經是二十年前的事了。

曾經年輕的你，已然成熟的你，正值青春的你，能明白嗎？

總有人會明白。明白一個孩子面對生命的心痛、面對世界的驚懼、面對命運的憤怒、面對青春的脆弱和衝動。

後來，我慢慢明白，我一直都是那個樹蔭裡狂追不舍、烈日下目送靈柩的女孩。無論我多麼青澀、多麼青春、多麼成熟、多麼世故，但某天垂垂老矣，我還是那個既冷靜又狂熱的女孩。

當年的她不是不懂，一個可以淩駕於庶務與世情的人尚不能淩駕於死亡。她只是受困於這個事實，無力掙脫、無從消化，執拗地不肯接受。那場突如其來的死亡，對她來說，就像一場少年的祭奠，她將自己的命運放上祭台，然後做了祭獻。

她沒有想到，這竟成為了她人生最好的決定之一。當年那個呆呆的男生，後來成為了終生的朋友、生命的同伴。彼此那麼不同，相愛也那麼艱難，但我卻能因此成長為今日的模樣。

我們的開端，比所有人的猜測都要狗血。

這是命運的眷顧嗎？還是說，我終於了解，什麼是無常。

第四章

一半是男人
一半是女人

月亮升起的王國

「私奔」這個古老的詞，在很多年輕男女眼裡，意味著愛情、幸福和自由。

事實上，現實中的「私奔」並不那樣美好，就像「王子和公主」的童話，雖然結尾總是「幸福地生活在一起」，但不過這麼一句話而已，隨後的故事可能還不如《史瑞克》裡面的怪物兩口子幸福。

宜春的困境，就來自於「私奔」。

一年多前的那個秋天，她跟隨他來到揚州，那時她以為再不會回到安徽老家。

他和宜春是大學同屆的校友，當時他是校內的風雲人物，帶了點亦正亦邪的氣息，女生們都在背後說他長得像明星張震。

第一次見到他，宜春就愛上了他。大三時，宜春得知他和女友剛分手，經朋友的安排，二人很快地相識並相愛了。

這件事宜春沒向父母隱瞞，寒假期間便帶他回家見家長。原本宜春希望得到父母的認可和祝福，誰知父母非常反對兩人繼續交往。

原因之一，他是外地人，雖然相隔不遠，但他們從沒想過宜春這個獨生女可能會離開他們。更重要的是，他給宜春父母留下的第一印象不佳，父母覺得他缺乏教養，為人不踏實，認為宜春跟著他不會有什麼好結果。

那陣子，全家為了這件事悶悶不樂，父母的生活重心似乎變成是阻攔兩人在一起，因而發動所有的親戚、朋友來勸宜春，甚至還請來了宜春以前的老師。

宜春的媽媽身體不好，還因此氣得生病住院。宜春爸爸則說如果兩人一定要繼續交往下去，他們就不認宜春這個女兒，要宜春滾出家裡。

當時，宜春幾乎快崩潰了，她覺得沒有一個人理解她，所有人都不分青紅皂白地譴責她。在所有人眼裡，她是個不孝女，不懂父母的苦心，讓父母傷心、絕望。

在家裡，宜春再也感受不到溫暖，只想逃離，那時候只剩他還站在她身旁。也許真是年輕叛逆的年紀，家人越反對，宜春越堅定地要和他在一起，就這樣和父母徹底鬧翻了。

畢業後，宜春直接跟他來了揚州，並在揚州找到一份工作，一心指望有天會和他結婚，過著簡單、幸福的生活。然而，宜春也沒受到他父母的歡迎。他父母對宜春很冷淡，很快地，她意識到對方家人並未將自己視為家庭的一員，認為自己只是個不請自來的外人。

更糟糕的是，踏入現實社會，宜春才發現他是個沒擔當的男人。一年多來，他對兩人的未來沒有任何計畫，對結婚隻字不提，催他也不置可否，彷彿這一切都只是宜春的一廂情願。

真正讓宜春認清一切的是，幾天前，她發現他竟瞞著自己和另一個女孩往來，兩人通訊頻繁、訊息內容曖昧，手機裡甚至還有一張他們親密的自拍合照。

宜春問他，他坦承父母為他安排了相親，他覺得對方還不錯。更令宜春失望的是，他絲毫沒有半點愧疚。這次，宜春不再找理由說服自己，因為那些都是自欺欺人。也許她早已明白自己和他沒有未來，一直逃避也無濟於事，而這可能是命運給她抉擇的一次機會。宜春雖然心痛、不捨，但也到了該和他分開的時候了。於是她悄悄收拾行李，和同事說好，暫住對方家幾天……

只是接下來該怎麼辦？留在這座城市還是回老家？當初那樣決絕地出走，家人還能原諒自己嗎？即使原諒，她也不知道自己還有沒有勇氣面對他們、重新回到家人的身邊。宜春很怕，怕再相見的情景、怕父母不認自己、怕親友責備自己，她不想這樣回去，但這裡不是自己的歸宿。

宜春打電話向我諮詢時，我是支持她的。

「雖然覺得心痛、不捨，但也到了該和他分開的時候了」，這個決定固然令人傷感，但理智的人都會贊同。這段感情，既得不到自己父母的認可，也得不到對方父母的祝福，更關鍵的是，你還有心，他已無誠意，的確，該告別了。

告別，能斬斷情絲，卻斬不開過去。這一刻，我們該停下腳步，回過身去，看看來時的路，回首那一路的坎坷，才能輕裝上陣、再次出發。

客觀地評價，這段感情的失敗，既歸咎於宜春的選擇，也與她父母的處理密不可分。

接著，我與宜春聊了起來，「第一次見到，就愛上了他」的體會雖不失為美好的經歷，但這段感情恰巧應驗了「因為不了解而相愛，因為了解而分開」這句話。成功的愛情，不見得有完美的開端，但必定會經過漫長的攜手相伴，經歷得了考驗的感情才有修成正果的可能。

你僅憑第一印象就認定對方，匆忙投入，在戀愛過程中重心偏離，忙於對抗父母，彼此卻缺乏深入的交流。直到共同生活之際，才開始真正了解他，不免為時已晚。

再看父母這邊，多年的生活經驗使他們預感到女兒的選擇有誤，華人式的護犢又不免專斷。恐怕他們從來不曾站在女兒的角度去看待整件事，更談不上尊重女兒的感受、理解女兒的需求。面對未來可能發生的不幸，人海戰術加嚴防死守看似合理，其實欲速則不達，反而加劇了女兒的盲目、不理智。

假設家人不一味否定妳的感情，而是給妳部分的信任和完整的自主權，引導妳與對方認真交往、慎重相處，結果或許大相徑庭。這樣既能避免妳把全部精力用來對抗外在壓力，又能讓妳有時間回歸理性，有機會深入了解對方。畢竟，由當事人自己做出的決定，才會被執行也才有效。

如果凡事都有絕對的對錯，那麼，事實似乎證明父母對了、妳錯了。然而，這是個無益於任何一方的「判決」，即便是「贏家」也不大情願。妳和父母在面對這個問題時的處理都有失誤，正因為如此，妳的回歸意義更為重大，不僅是妳自己人生的重新出發，也是在為妳的父母打開心結，使之間的親情創傷能夠癒合。

然而，我明白，回家對妳來說有多難。

知道嗎？表面上妳害怕面對家人，事實上是妳還沒完全地面對自己；表面上妳擔憂家人不接納，事實上是妳還沒接納自我，這才是真正攔住妳腳步的障礙。

在面對親人之前、在尋求他人接納之前，妳要先和自己對話。

不需否認，妳經歷了一段充滿挫折的生活，也許，它使妳不堪回首、想要忘卻。但妳不妨換個思路重新審視——難道它不是妳擁有過青春的證明？難道它不是妳收穫成熟的過程？難道它不是妳漫漫人生中的一個驛站？難道它不是妳未來旅途的一盞明燈？

那些痛苦，妳沒有白受；那些煎熬，妳沒有白挨。今天的妳做了對自己負責的決定，已證明妳從失敗中獲得了領悟和力量，妳有能力為錯誤畫上句號，妳已為生活翻開新的篇章。

妳的回歸，並不意味著妳失敗，反而標誌了妳正在突破自我。

我相信，經過這一年多的分別，時空的相隔令妳與父母都擁有了一些心理空間，能更冷靜、理性。不是只有妳在反省、梳理這樁事的「來龍去脈」，妳的父母一定也經常在反思自己過去的做法，何況還有來自於「思念」的力量。

我深信，等待妳的不會是冷眼和責難，而是他們的懷抱。他們一直在等妳，正如妳一直想推開那扇門。

於情於理，該是時候回家了。

和我們一樣，父母也是普通人，很難做到尊重和理解兒女，但面對受傷的孩子，他們都會無條件地接納。因為他們最不願意看到的是——孩子受了傷。

正因如此，當年他們才會那樣急切的反對，忽略了妳有妳的自尊和選擇。現在，妳能回報父母的是——我正在康復。

近鄉，情怯。而妳回家的那天，就是妳告別過往的那天。

男性分手攻略

這個案例表面上是關於拖延症。

在別人眼裡，極光是名草有主的人，其實他正愁著該怎麼提分手。兩年多前，通過相親認識了她，第一印象還不錯，兩人條件也相當。然而，交往至今兩年又十個月，他卻完全不了解她、不理解她。

每週末兩人會約會一次，平時傳訊息給她，她會回，可是如果他不主動聯繫她，她也很少會主動找他，約會就像是種例行公事。

表面上看起來兩人像對正常情侶，也會有些親暱的舉動，但說到交流，就完全是片空白。其實極光是熱情、健談的人，跟什麼人都能找到話題來聊，但她，不是一個悶字可以形容的冷靜。兩人在一起時，她可以從頭到尾一言不發，問她什麼都回答「隨便」，有時候她明明不高興也不肯說是為了什麼。

極光一點也摸不透她，不知道她在想什麼，相處得越久他越沒勁，於是也越來越沒感覺。早先還想弄清楚對方的想法，現在已經懶得關心她在想些什麼了。

極光覺得他們是分屬於兩個世界的人，會有交集根本就是件奇怪的事，更不用去想像未來和她一起生活的情況了。

說實話，她外形挺不錯的，長得清秀俏麗，別人都說看起來和他蠻相配的，周圍的人也早就認定他們是天生一對。就因為這樣，極光才一直猶豫，然而家人去年已經開始催促他們結婚了。女孩二十七歲，極光二十八歲，年紀都不算小了，彼此話不投機，再拖下去，不但耽誤自己也耽誤對方，所以，極光覺得該分手。他評估過，家人和外人，他可以搞定，但分手本身卻有難度。

兩人相處得不痛不癢，雖說不夠親密，但或許因為不夠親密，所以沒發生過太大的矛盾、爭執，要提分手，真不知該從何說起，然而，現在提分手，又說不出什麼理由，外人也會質疑為什麼非要拖到這當口。

就因為這些，極光一直在躊躇，該用什麼理由去說？總不能無緣無故就避不見面？他想不出合適的辦法，以致於還在勉強地和她約會。

問了周圍的朋友、同事，他們都告訴他，讓女孩子主動提出分手，這樣既不傷她面子，對方也比較不會糾纏。朋友們都建議極光，最好拖著不表態，冷淡她，不主動聯繫，過不了多久她也就心裡有數，便會提出分手。

也不知道是不是因為他們都是男性，所以都站在極光的立場上說話。話聽起來是有那麼點道理，但極光還是半信半疑，總覺得事情不像他們說的那樣簡單，好像有什麼地方不太對。

分手的決心是下了，但到底該怎麼分才好呢？

看來，極光是真遇到麻煩了，穿著一雙別人看上去很美、自己卻磨腳的鞋，一穿還是兩年多，真打定主意要脫了，又不知道怎麼脫。單看極光一口一個「她」，下意識地不提名字，就知道她對極光來說是陌生且想回避的人。

愛情這東西是唯心的，勉強不來。如果你不愛某個人，你雖然可以每週跟她約會，甚至一輩子和她生活在一起，但你無法勉強自己愛上對方。

現在就來分析一下這名拖延君的情況。

經過兩年多的相處，這段感情已經一目了然。沒有水到渠成，還一直水土不服，彼此像兩個陌生人般缺乏了解，不僅沒有實質進展，連正常的交流、對話都難以為繼，又談何相愛？明擺著兩個人不合適。她不適合你，你也不適合她，你覺得難受，她也好不到哪去。從這角度來看，分手對自己和對方顯然都是件好事。

不過，你是在哪練成的「拖字訣」？一段不痛不癢的感情竟耗了兩年十個月，現在還如此難以決擇，這恐怕和一些與愛無關的雜念有關，比如「她外形挺不錯的，別人都說看起來和我蠻相配的」、比如「周圍的人早就認定我們是一對」、比如「看起來我們像一對正常的情侶」……

我猜，因為有這麼一個女朋友、這麼一段關係，為你抵擋了不少來自外界的壓力，也因而讓你猶豫不決、拖泥帶水。這些「好處」叫人難捨，所以這段情兩年多來都難分。

終於，時間耗夠了，年齡不等人，你不想再逃避內心的呼聲，可是問題卻來了。

時間戰線拉得太長，你的處境也變得微妙。想分手，卻沒有重大矛盾、分歧做為理由；不分手，又承擔不了共同的未來。光陰流轉，生米面臨「被煮」的窘況，可是快三年了，此刻喊停既會遭人詬病，也會被認為做人不誠懇。

這一回，自己的面子難捨，這個手則是難分。

朋友們紛紛為你出絕招——以退為進，用消極姿態逼對方主動提分手。這麼一來，以上難題統統破解，實在是兩全其美、一擊必中！

姑且不論這「有利於你」的方案之好壞，我們先來探究一下背後的心理動機：想找到足夠的理由，方便提出分手，是希望具有絕對的說服力，自己不會被責難。然而，找不到好理由，所以不明確地提出分手，以冷淡對方來間接表明態度，這可避開正面衝突。通過「只可意會，不能言傳」的方式，讓對方知難而退，同時免於讓自己坐上被告席。

如此看來，把「分手權」讓給女孩，表面很紳士地保全了對方的面子，實際上是為了逃避責任和負罪感，同時避免對方糾纏，以便讓自己全身而退。

以上種種，目的都不是為了保護對方，全是為了保護自己。

但這方案確實能達成嗎？假設你不明白地告知她，而是有意冷淡，那麼對方是會平心靜氣地接受，然後如你所願地分手，還是會經歷大量負面情緒的衝擊，從困惑懷疑、不安不解、失落失望、自責自卑到憤怒怨恨呢？

分手或許不難，但她無端地受傷害，你反而會留下不負責任的輕率形象，也早已在被告席被無聲地拷問了千百回，更別奢望能被對方原諒（到時，你就是某些人眼中的負心漢代言人）。

或者，你可以試著鄭重誠懇地對她說：「誰都沒有錯，我們曾經嘗試過，但感情基礎不夠，很難幸福，想必妳也有同樣感受。我們的分手是為了對彼此的人生負責，讓彼此有機會收穫真正的幸福，所以感謝妳一直以來的陪伴。」以此取得她的諒解與認同。

你說得越誠懇、實在與坦率，對方越容易信服地接受、平靜地轉身。這麼做雖不代表能毫無傷害，但一定能把傷害降至最低。

我一向相信，真話比任何藉口都有力，事實比任何理由都可信。

最後要說一點——女性相對情緒化，通常較難被相對理性的男性理解，但情緒化並非「不可理喻」，如果你相信她有理解能力，尊重她有知情權利，那麼她也會理解你並尊重她自己。

極光調整認知後，很快地約女孩進行正面交流。女孩對他的決定表示尊重，並未多加為難。之後，女孩的舅舅、表姐、表弟分別找極光詢問情況，希望挽留，極光沒有逃避，一一向他們說明了長期存在的客觀情況。面對事實、面對極光的坦率，大家都表現出理智的態度，給予理解和贊同，都沒有對他產生負面看法和怨言。

這件事因為極光的妥善處理，傷害被降到最低，兩個人都有機會輕裝上陣，重新出發。

不是冤家不聚頭

佳琪是「七年級生」的姑娘，來找我的時候，表現出很煩惱的模樣。婚前，她和先生談了差不多一年半的戀愛，不算長也不算短，照理來說，應該對彼此有一定程度的了解。

然而，在戀愛時，他們就發現兩人有很多不同之處，但他們沒意識到這是很重大的問題，反而覺得對方很有吸引力、魅力，相處好似變得新鮮、有趣。

那時的他們經常會發生爭執，當初以為都是關乎愛情，現在看來，真正的原因是個性差異。去年他們結婚了，婚後兩個人成立了小家庭，除了吃飯時去雙方家長那裡，其他都是小倆口自己來。

婚姻生活和戀愛完全不同，佳琪覺得自己還沒長大就突然要承擔成年人的世界。也許是距離感的消失，各種瑣事又撲面而來，兩人都感到應接不暇。因為兩人要一起面對現實問題，差異帶來的魅力很快就煙消雲散，取而代之的是各種分歧，簡直有點原形畢露的感覺。

漸漸地，彼此間的差異越來越多、越來越明顯，也越來越無法忽視。佳琪認為彼此之間的不同在於佳琪愛說話、喜歡交流而先生沉默寡言；佳琪心思細膩而先生粗線條；佳琪考慮問題周全而先生從不注意細節；佳琪注重人際交往而先生覺得麻煩而經常回避；佳琪在意他人感受而先生反應遲鈍；佳琪做事有條理但很緩慢而先生求快，只管最主要的部分，其餘都馬馬虎虎；佳琪追求完美而先生應付了事。

人說性格不同會互補，這樣的感情才好。佳琪卻認為他們根本是相互拆臺，不管什麼事，只要兩個人一起做，就是會意見不合，兩人都覺得應該按照自己的想法來執行。就這樣，兩人每天把時間、精力消耗在達成共識上，很多事還沒做就已吵得不可開交了。

總歸一句話，佳琪覺得先生什麼都跟自己唱反調，好像天生就是來和自己作對的。而佳琪的先生也有同感。

佳琪明白，誰也不可能改變誰，可這樣下去，彼此都太累了，對婚姻、對未來也不樂觀。佳琪不知道別人的婚姻是怎樣，那些所謂互補的美滿婚姻到底是怎麼做到的？兩個人的個性到底是不同好，還是相似好？佳琪甚至懷疑是不是從一開始就選錯了對方。

佳琪的疑問在我聽來著實耳熟，工作時我常會遇到這類困惑。讓我會心一笑的是，佳琪和先生的組合和跟我的婚姻狀況如出一轍。

我和我先生是個性、習慣、生活方式差異巨大的兩種人，連共同的愛好都很有限——看美國影劇，我們一起看的也只有幾部，大多還是各看各的。

我承認，差異會帶來分歧和爭執——更年輕的時候，我也曾深受困擾並為之苦惱。

誠然，追尋幸福的我們常會陷入概念的泥淖，希望在個性的「相似」和「不同」中分出一個高下。「相似」聽上去不錯，但有時意味著針尖對麥芒，比如強勢；或者屋漏偏逢連夜雨，比如內向。再看「不同」，差異大會帶來吸引力，磨合好能事半功倍，但沒能溝通好，則會造成苦惱與內耗，就像你們這對一樣。

黃小琥曾唱：「相愛沒有那麼容易，每個人都有他的脾氣」。任何一對配偶都存在著巨大差異，就算基本氣質、脾氣、秉性相仿，但環境背景、經歷遭遇往往大相逕庭，還有最基本的性別差異。這就好比在不同土壤上種下了不同和相同的種子，最後長出的兩棵植物即便看來相似，也會有本質上的區別。而相似是相對的，不同才是必然。

面對「先天不足」的差異，與其把它看成不該發生的錯誤或解讀為相互拆臺，不如看成理所當然、人人平等的一項佐證。

說到底，每對夫妻都是截然不同的兩個個體。面對差異很難做到視而不見、照單全收，總不能自暴自棄、自生自滅吧？

當然不！撇開婚姻早期的磨合困難，讓我們換個角度重新整合這些差異：愛說話的妳滔滔不絕，沉默的他帶著耳朵；細緻周到的妳著眼細節，粗線條的他把握大局；在意他人感受的妳處理各種人際關係，遲鈍而逃避的他不必勉為其難；最主要的部分先交給他快速完成，隨後妳再理性而緩慢將事物完善；追求完美的妳做需要完美的事，應付了事的他去做沒技術含量的事，就算他做得不夠好，至少那些事也沒什麼緊要，而就算妳做得不夠好，馬虎的他可能也不會挑剔。

這麼一來，你們的組合反而可以很好地各展所長，避開相似思維模式所形成的弊端，免於相似行為模式所造成的摩擦。但是，為什麼你們的感覺這麼糟呢？

「不管什麼事，只要我們一起做」就會「把時間、精力消耗在達成共識上」，只是，原本各有所長的兩人為何一定要達成一致呢？為何一定要綁在一起地完成某件事呢？你們的「合作」完全出了問題。

什麼是合作？截長補短才是合作。一家公司，全是技術人員是做不出業績的，全是業務人員是完不成任務的，而所有技術人員只做一個專案會窮死，所有業務人員只做一件業績則會餓死。

是時候放下成見，是時候拋開過去的模式，是時候重新來過。

強調一致不如著手合作，強調相似不如著力相容，用四兩的巧妙手法撥動千斤之物，發揮你們與生俱來的特點，互相協調，各司其職，互為校正，求同存異，同時認識到對方具備自己所缺乏的優勢，彼此欣賞，日子就能過得美妙了。

如今的我開始體認到，差異會使我們一方面保持自我，一方面更懂得尊重對方。因為有一個不同於自己的靈魂，生命會變得豐富，心境會變得寬闊。

想像婚姻是個龐大架構，想像兩人像齒輪般咬合著，齒輪大小不一，邊緣都有稜角，卻可以完美地吻合連作……

任爾東西南北風

四月天是名律師，二十七歲的她有責任感又幹練，所有認識她的人都對她評價極高，她也自覺自己是個要求完美的人，但她嫁的人偏偏和自己完全相反。

從戀愛時期開始，四月天就覺得自己的男人像個青澀少年，還沒長大也不想長大。婚前，四月天的媽媽常說這女婿沒多少優點，就是脾氣好，以後能讓著脾氣不大好的四月天。只有四月天知道，他脾氣很強，很多時候四月天是對的，他表面上不開口，但根本沒聽進去也聽不進去。大家都以為他脾氣好，他只不過是性子慢、懶得爭。

要說他，其實也沒什麼特別毛病，只是不注意生活細節、不會照顧人、不會做家務、不夠成熟，也缺乏責任感。結婚四年來，家中大小事都靠四月天，他就像個甩手掌櫃，每天回家就賴在沙發上滑手機。叫他做事，他倒會做，但不是做得不對，就是做得不徹底，沒有一次讓人滿意，總是敷衍了事。四月天工作比他忙，回來還要忙家務，哪裡還有好脾氣，當然會經常跟他嘮叨。

最近兩人為了請客要請哪些人而意見不合、大吵一架，他忽然說起四月天脾氣大、不溫柔、強勢、沒女人味，又說四月天總以為自己什麼都對，還說別人背地裡這麼評價，只有她不知道。

想不到他竟會這樣說，四月天氣極了，也傷透了心。她想不通，自己平時那麼辛苦，在他眼裡的自己竟是這樣。

雖然兩人後來和解，不再提及這件事，但四月天始終悶悶不樂，對婚姻也感到灰心喪志。後來她把這事說給一個多年關係不錯的男同學聽，對方竟也說四月天強勢，做朋友還不錯，做太太就有點可怕。

四月天一直很疑惑，平時和姐妹們聊天，她們總說男女之間不是東風壓倒西風，就是西風壓倒東風，所以女人不能對男人太好，如果一開始占不到上風，就會被男人打壓，受一輩子罪。

四月天不知道這個說法到底對不對，但聽起來貌似有些道理，於是在和他的相處中難免想著自己是不是占了上風。也許這是他為什麼會說那些話的原因之一，但如果不這樣，豈不是什麼都要聽他的而處處吃虧嗎？

做為心理諮商師，我相信四月天對丈夫的評價不是空穴來風。面對這麼一個不夠成熟、責任感不強、疏懶家務又行事馬虎的傢伙，能幹、負責的四月天肯定覺得不及格、難以接受。

樹葉都會有不同的兩面，這男人當然也有其優點——脾氣好。大家都誇他這一點，媽媽對你們的婚姻也認可，因為覺得他會讓著妳。而妳呢？承認他性子慢、懶得爭，這不就證明了妳的脾氣確實比較差嗎？說白話一點，妳是本事大、脾氣大，他是本事小、脾氣小——只是連妳也沒想到，公認脾氣小的他竟也發飆了。

三十歲時，我結婚五年時，得出這麼一個說法：女人善於交談，生來喜歡傾訴，以此發洩情緒，獲得情感支持，但說來說去常常圍繞同一個意思，一萬句抵一句。男人不擅言辭，大多不習慣傾吐，常常「聽」不到他的真實想法，等到他終於開口了，大多是被逼急了，一句抵一萬句。

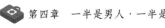

男人的話不好聽，女人卻要好好「聽」。

在平時的諮詢案例中，常有女性諮詢者念念不忘爭執時先生的傷人之語，但她們關注的往往是自己的受傷和對方的無情。然而，受傷是一定的，但對方為什麼會那麼傷人？

一貫寡言、理性的男人突然發飆，可見是真的急了。爭執中脫口而出的氣話自然會口不擇言而缺乏理性，往往帶有宣洩、誇張的成分，卻能反映出一個人在日常生活中所壓抑的情緒和感受，可謂是「怒」後吐真言。

話粗，理不粗，這些「想不到他竟會這樣說」的話，倒值得妳重視和思考。

「脾氣大、不溫柔、強勢、沒女人味，總以為自己什麼都對，別人背地裡這麼評價，只有妳不知道」這裡每一句聽來都像針扎一樣，連我看了也感同身受地覺得受傷。但我猜，這些話多少是「意料之外，情理之中」，而妳反應這麼大，恐怕也有些被一語中的的惱怒。

媽媽評價妳脾氣不大好，妳自己認為「很多時候我是對的」，多年的男同學則說妳「強勢，做朋友還不錯，做太太就有點可怕」，可見，他那些不入耳的話並非信口雌黃。

稍微想想，會發覺在現實生活中，存在大量這樣的家庭——女人像男人，男人像女人。兩性關係專家也表示，當女性趨於男性化，變得強硬時，男性就會趨於女性化，變得虛弱。像男人的妻子並不具備男性強而有力的優勢，反倒容易產生「一言堂」式的悍婦氣勢、「祥林嫂」式的怨婦特質；像女人的丈夫並不具備女性溫柔婉約的優勢，反倒容易疏離於家庭，表現得不負責任。性別角色的錯位致使內心失衡，婚姻關係也會隨之失去穩定與和諧。

這樣的家庭，女性因為得不到對方的支持，倍感辛苦，自然產生更多否定想法和指責；男性因為得不到對方的肯定，倍感無力，漸漸地不願擔當、試圖逃避。這是不是很像妳的生活狀態？妳若希望他像個男人，那妳要先學著像個女人。

心理調查顯示，婚姻生活不和諧的女性往往是掩蓋了自己女性特質的人。那些總強調自己正確的女性，通常難以在家庭生活中感到滿意。相反的，女性化的女人幸福指數要高得多。

在家庭互動中，女性柔和的特質會從兩方面影響男性成長：一是對外，需要男性的支援和保護，從而使其獲得肯定，助長對方的男子氣概和責任感；一是對內，男性性格中堅硬的一面會在女性溫柔的作用下，變得富於理解力和富有情感。

女性不運用天性中的溫柔來以柔克剛，反而採用男性化的方式和男人碰撞，豈不是荒唐？身為女性，「溫柔」是與生俱來的，是性別中天然的優越之處，只看妳是否接受、是否會運用。如同穿石之水，看似無力，自有風骨，持之以恆的能量驚人，此所謂「上善若水，水善利萬物而不爭……天下莫柔弱於水，而攻堅強者莫之能勝，此乃柔德」，老祖宗早已明示，只等你我頓悟。

然而，不少女性都抱持一種誤解，覺得「溫柔」是軟弱、無用、依賴。那所有堅韌、能幹、自主的女性豈不都不溫柔？像鐵板一樣無懈可擊、像石頭一樣生硬頑固？如果真是這樣，這些女性將是多麼不可愛又多麼缺乏魅力，而又有誰還會愛她們呢？

至於「東風壓倒西風」一說，我可要笑了。妳這是要幹嘛？是要用正義戰勝邪惡？還是要革命反動？好好的婚姻成了硝煙彌漫的戰場，好好的愛人成了不共戴天的敵人，不用談追求幸福，這哪裡還有人能全身而退？

照我看來，無論誰想在婚姻中「占上風」，這兩人都會「受一輩子罪」。就算是風，也有東風壓倒西風、西風壓倒東風時，彼此轉換，相互融合，截長補短，相輔相成，未必要勢不兩立。而東風也好，西風也罷，不如做四月天的春風，輕柔綿長卻能催生萬物。

妳一定希望自己的丈夫有男子氣概，這就和他希望自己的妻子溫柔賢淑一樣，自然而然，天經地義。

怪男孩不相親

在父母眼裡，都市牧人是個心理不正常、腦子有毛病的人，都二十七歲了還沒個交往對象，也不願去相親。其實，他也很想交到女朋友，不是不著急或無所謂，周圍同齡人的孩子都會打醬油了，他還沒真正戀愛過幾回。

都市牧人生活的城鎮，人們結婚得早，超過二十五歲都算晚婚了，都市牧人這樣的算是「剩男」，相親沒有一百回也有五十回。

都市牧人最討厭那些媒人，把做媒當成任務，根本不管兩個人條件是不是相當，只要是一男一女就介紹，然後見一次面，就開始問什麼時候辦酒席，好像隨便是誰都可以結婚。都市牧人真心反感卻無可奈何，甚至連父母都這樣，好像除了要他趕快結婚之外，沒有其他話題可聊。

都市牧人承認自己怕有壓力、怕麻煩，如果不按照父母的意思，他們就會不停地唸。為了躲避這一切，自己只好照辦了，於是四年前他做了一個很愚蠢的決定。

當時他和一位女孩通過相親認識，她長得很一般，都市牧人對她毫無感覺。可是家人都說她適合都市牧人，要都市牧人不要光看相貌，以後相處久了，自然會生發感情。都市牧人覺得家人肯定比自己有生活經驗，也不會害自己，就半信半疑地和她交往了。

兩人整整交往了三年，都市牧人每週和她見一次面，吃飯、逛街，再各自回家，反正別人戀愛怎麼約會，都市牧人也都照辦。但兩人幾乎沒有交流，嘴上說的都是「下班啦！」或「吃過飯啦！」這類無聊的話。

終於，媒人來都市牧人家問什麼時候辦酒席，他才一下子夢醒，知道不能再拖下去。都市牧人三年來跟她都沒有談出感情，也根本不想和她結婚，當初會交往也只是怕家人嘮叨、抱怨。於是，都市牧人跟她攤牌，她沒表示什麼，只說：「你就按照自己的想法做吧！」關於這一點，都市牧人很感謝她，畢竟他耽誤了她三年，也浪費了自己三年的時間。

其實她和都市牧人一樣不成熟，如果換成其他女孩，發現男朋友三年來對自己沒有任何進一步的親密舉動，可能早就提出分手了。

分手後的一個月，都市牧人簡直像生活在人間地獄裡——家裡所有的人，包括那些三姑六婆都輪番轟炸他，要嘛勸他不要分手，要嘛怪他做事不踏實。

母親天天在家哭，不停唉聲嘆氣。父親說都市牧人有病，要他去看心理醫生。都市牧人天天跟他們爭得面紅耳赤，下班不想回家又無處可躲，現在都不知道那段時間是怎麼熬過來的。

如果再給都市牧人一次機會，他無論如何都不會跟一個自己一點興趣都沒有的女孩談戀愛，等到最後一刻，想「按照自己的想法」去做時則為時已晚。都市牧人很後悔自己的幼稚糊塗。

這麼一來，都市牧人過了二十五歲。之後，便是一天到晚相親，先不說相互看不順眼的，想試著相處看看的也沒有能超過幾個月。在家人看來，他簡直無可救藥。

父母總怪都市牧人內向、老實、嘴拙，不會哄女孩子，要他學著改變自己、學著對女孩說好聽的話。其實都市牧人並不像他們說的那樣老實、內向，但他又不知道該怎麼跟父母表達自己。

都市牧人貌似不善言辭，不討女孩子喜歡，工作時同組的女孩也不喜歡和他交流，總去找另外兩個男孩。在這方面，都市牧人好像很失敗。都市牧人不知道為什麼別人可以很容易地找到另一半，在自己身上就這麼難。

還有另一個難題——都市牧人認為結婚就該找個相愛且有共同興趣、話題的女孩。

家人說都市牧人看不清自己，不知道自己幾兩重，整天不切實際，像他這樣的就該找個普通的女孩，不能要求太高，至於感情，可以等結婚以後再培養。

如果聽父母的，都市牧人就得跟那些自己毫無感覺的女孩繼續相處，這樣勉強自己，他怕最後又會走到老路上去，白費工夫還不好向父母交代。假如告訴父母自己想分手的原因是對對方沒感覺、不喜歡對方，只會招來他們的嘲諷和羞辱，因為在父母眼裡，這全是無聊、不切實際的想法，電視劇裡演著騙人的。在父母面前，都市牧人說不出口又找不到其他的理由。於是，他現在總找各種理由逃避相親，家人更因此覺得都市牧人心理有問題。現在，父親看見都市牧人就像有仇，總是對他吼叫，有時還恨不得動手打他。母親整天邊做事邊抱怨，再三叮囑都市牧人千萬不能讓相親對象發現自己有缺陷。

有時，都市牧人會認為，父母不會對自己不好，他們的話也有道理，自己是不是乾脆聽他們的算了？他們看中意的女孩，隨便哪個，就結婚去吧！但他知道自己做不到……

都市牧人說了半天，我看出來了，他絕對不是個老實內向又自閉的人，他有想法、會思考，但缺乏獨立、主見和果斷。

父母說他「心理不正常，腦子有病」，也許他們當真這麼想，但這評價不得當真。都市牧人生活的城鎮，風俗習慣確實讓正逢適婚年齡的人們充滿壓力，而父母的年齡和文化背景使他們對婚姻的期待不高。

可是都市牧人，這樣一個「七年級生」的小夥子，想尋找真愛，不願勉強結婚，一點兒也不怪，不然就顯得平庸、功利而渾身暮氣。

要說都市牧人最大的弱點，就是逃避。這在所有應對方案中最簡單易行，也最容易把自己套牢。我們來看看，都市牧人是怎麼執行的。

逃避是因為壓力當前，對都市牧人來說，壓力來自於家人的指責。為了讓父母「封口」，都市牧人和自己毫無感覺的女孩談戀愛，他安慰自己，認為家人更有社會經驗也是為自己好，所以他得試著慢慢和一個陌生人培養感情。

如果說，到了這一步，理論上都還算站得住腳，那麼談了整整三年戀愛就不能自圓其說了。三年裡有無數個時間點（其實半年就足夠）能讓人充分地去判斷彼此是不是能夠培養出感情來，但都市牧人沒有理智地喊停，反而繼續得過且過，直到家長催婚才如夢初醒，知道這夢再做下去就會成為萬劫不復的惡夢，再逃避下去就得一生挨著命運的刀。

我不知該說你是恐慌還是勇敢，但你真做了對的決定，憑一己之力來力挽狂瀾，跟女孩分手並跟全家對抗。腦袋還在，但撞破頭的你，明白此事下不為例，只是常常後悔，覺得這麼做，還是遲了。

其實，不遲！什麼時候長大都不遲！昔日重來你還是會犯糊塗，只有撞上南牆才知道向北。況且，這事測出了你的弱點——逃避，也探出了你的底線——不懂得妥協。

我能想像你「惡劣」的生活環境：不接納、不理解你的父母，當你是不懂事的娃兒，整日習慣性地對你用言語進行抨擊和否定。

那你呢？沒有機會真正獨立，也不想去執掌個人生活的舵。有問題要交給父母打理時，你是聽話的兒子；有想法想要張揚時，你就是不負責任的孽子。

這樣一來，你始終長不大。他們總想管教你，而你想要擺脫，行為卻不成熟，致使他們更不放心，因而產生了更多鉗制，就此跌進家庭內部的惡性循環。

要想打破僵局，最明智的做法是你擺正人生位置，握穩生活的方向盤，努力開始學著長大、學著認識自己、學著看待世界、學著與人相處，學著控管好生活，學著不在關鍵時刻掉入水溝。

比如談戀愛，與其當縮頭烏龜，被家人整天挑毛病（躲得了和尚躲不了廟啊），不如主動站出來接受相親，甚至積極地去尋找緣分。宣稱要好好談戀愛的剩男，肯定不會被指責有毛病，你在父母眼裡也能立刻變「正常」。等你順利地拿回戀愛的主動權，接下來怎麼處理、怎麼判斷、怎麼決定，你就有更大的主導空間。

到了一定年齡，相親確實是很無奈的法子，別人不會給你找好現成的愛人，遇上你形容的那種媒人就更悲慘。

不過，相親確實是結識異性的現成管道，固然功利、無趣耗時、費錢卻也簡單直接。

相親最考驗人的其實是——如何在短時間內恰當地表達自己。不善交際的你確實有必要改變自己、提升自己，增加自己的魅力和社交能力。這不是什麼壞事，畢竟，隨著年齡的增長我們也應當要更有內涵，但這不是什麼容易的事。

你「不知道為什麼別人可以很容易地找到另一半，在自己身上就這麼難……」如你所言，你懼怕壓力和麻煩，反過來說，你希望生活簡單易行，以這樣的思維方式看待複雜多元的世界，看起來輕鬆，其實是一業障，徒增煩惱罷了。別人真的可以很容易找到另一半嗎？除了你周圍不少已經結婚的人，還有什麼能支持你的理論？

決定步入婚姻的動機很多，有人是為了愛，有人是為了利，有人是為了療傷，有人是為了報復，有人是因為父母之命，有人則是要尋找安慰，有人乃是為了改變生活，也有人是為了逃避壓力……等，所以，結婚不等於找到另一半，結婚後過得不幸福的，或是因為結婚而不幸的，都大有人在，你不清楚他人的婚姻好壞，別人也不會向你詳細交代。

現在的你因為有結婚的壓力，所以看到別人有婚姻關係，便覺得單身的自己過得最慘。

其實，要一場婚姻不難，不少女孩也承受著同樣的壓力，如果你願意，早身在圍城中了，而這也和你父母的想法無二致——只要你趕快結婚。

顯然，你不能接受。

那你就要堅定地走自己的路，不管他人的非議。因為無論你怎麼做，都會有不認同的聲浪。

與其背叛自我又遭責難，還不如聽從自己內心的聲音。

至於今後遇到沒感覺的姑娘，如果確定不願再和她相處，又要面臨向父母交代理由、被父母逼迫繼續交往的兩難情況，我教你一招——你對父母說：「你們若真的要逼我，我可以和她繼續談戀愛，但我必須先告訴她，我不喜歡她，因為我不想騙人！」

這個辦法的效果在於你不必真的去和姑娘攤牌，只需拋出一個震撼彈，你父母便會考慮到逼迫你的後果，因而可能偃旗息鼓。這個辦法的妙處在於你不用在「沒感覺」這個點上和父母爭辯，反而能把重心轉移到「不想騙人」這項一道德問題上，進而避開往後模糊焦點的問題。這個辦法的關鍵在於不管你父母怎樣嘲諷你的「浪漫」，他們都清楚你當面跟女孩說「我不喜歡妳」會對她產生的影響。他們嘴上不認卻心知肚明，相互喜歡（姑且不說相愛）與結婚之間的因果關係，不然他們怎麼會怪你嘴拙？要你學著說好聽的話來哄女孩子？

父母一定希望你好，但他們也是普通人，他們的話不見得是真理，他們也會犯錯。無論他們多愛你，他們都不能替你選擇或決定人生，因為要去感受生命的是你，要去承受命運的也是你。

想要他們放手，就要自己上手；想要他們放心，就要自己上心。父母真正希望的是你能夠獨立地把握好人生，而這不也是你希望的嗎？

所以，勇敢一點，比不妥協再勇敢一點。

「左撇子」

五歲的林懇跑過來，在我的耳邊說：「媽媽，告訴妳一個秘密——剛才電視上那個阿姨好漂亮。」接著又問：「媽媽，妳是不是已經猜到了？」

「那當然，我就知道你要說這個。」片刻，螢幕上出現一批啦啦隊員。兒子又擠過來說：「媽媽，我又發現一個漂亮阿姨，穿紅色衣服的那個。哇！這些阿姨都好漂亮！」

「嗯，我也覺得。」

「發現一個漂亮阿姨」是我和兒子樂於討論的話題，雖然他的審美標準有待商榷，對象也太過寬泛，但聽他說這些，讓我隱約感到一些安慰：兒子不太可能是同性戀。

我並不排斥或歧視同性戀者，相反地，我非常尊重這群體的存在，明白他們的苦處。所以，我不希望自己的兒子做為同性戀者並必須承受這些難處。

諮商師做久了，自然會遇到一些與同性戀（主要指有同性戀性傾向者）相關的案例，有的是通過電話諮詢（女性比例較男性少），有的是為家人諮詢，有的則是疑惑自己是否為同性戀，也有諮詢者的丈夫或前夫是同性戀，還有諮詢者年幼時被同性戀侵擾過或是現在正被同性戀糾纏。

一次，一位深受困擾的女士問：「他明明知道自己是同性戀，為什麼還要和我結婚？」我知道她是在宣洩自己的情緒，但我忍不住回答她：「因為我們要他結婚。」

這個「我們」，是社會、是群體、是輿論、是道德，更是這一大堆的總和。其實沒有人拿刀架在某個同性戀者脖子上逼他就範，倘若如此，則體現不出「我們」的強大，因為讓他不戰而降才真可畏。

在整體社會中，從眾是必要的。從眾能讓群體穩定並促進發展，個體適應則能保證生存。然而，如果從眾只是權宜之計，個體表裡不一則可能會出現認知失調而感到焦慮。

權宜的代價，有時不只損害自身，還會殃及他人，比如本身是同性戀者與異性戀者結婚，自己暫時安全，對方就成了犧牲品。

我也想過，怎麼才能避免出現這樣的結果。最理想的就是，人類文明必須進步到讓大多數人對同性戀有合理的認識，進而接納他們的存在，且讓同性戀者可以自由婚戀，並受到法律保護。

你在搖頭，對吧？唉！這麼想是夠天真的。

如果我說，總有一天會接近這個理想狀態，這話差不多還可以成立。但我懷疑，你我是否有機會看到這一天。生命短暫，看不到未來，好在可以看歷史書。站在時間長河中回顧有記載的人類歷史，會發現文明不時有停滯、倒退和反覆，但總體上卻是要勇往直前的。

每一代人都有當代難言的不公與無望，文明難免要跨過屍首，繼續向前。被跨過的屍首集體無名，用文明進程推論他們「沒有白死」，是自我安慰的漂亮話，後來的活人不妨盡情享受新的自由並且珍惜和感恩。要知道沒什麼是白來的，得了便宜的你我也可能為後來者獻祭。從這個角度看，當下的同性戀者也是時代的犧牲品。

看過上面這一段，你覺得我的態度是同情還是冷漠？也許都不是，我只是一個夠理智的旁觀者，站著說話腰不疼。

同性戀，如今不再是禁忌的話題，大多數人都有耳聞，但清楚了解其定義的卻非常稀少。一知半解造成了誤解，誤解又加深了大眾的偏見。

同性戀是什麼？這必須從它「不是」什麼來說。

同性戀不是病。

精神病學曾將同性戀視為一種性心理障礙，並相應地創造出一系列的治療方法：電擊療法、大腦手術、激素注射（化學閹割）等。

西元一九五二年，「電腦之父」艾倫・麥席森・圖靈因同性戀身份曝光，經歷了著名的公審後被判「嚴重猥褻罪」，被迫接受女性荷爾蒙注射治療，之後患上重度抑鬱，於兩年後自殺——床邊放著咬了一口且塗有氰化物的蘋果。

需要提及的是，直至西元二〇一二年，英國政府仍拒絕為其追贈死後赦免狀的請願書。同年十二月，霍金等十一人致函英國首相，要求正式為圖靈平反。直到西元二〇一三年十二月，英國女王才正式宣佈赦免。

二十世紀五〇年代起，一些心理學家的研究結果表明，同性戀者並不一定有精神缺陷，更不一定是心理變態。西元一九七三年，美國精神病學會通過會員公投方式，將同性戀從精神疾病列表裡刪除，並將同性戀描述為「一種正常的性生活方式」。西元一九九〇年，世界衛生組織也以同樣的方式將同性戀剔除出精神疾病的行列。至此，同性戀結束了它做為一種精神疾病的歷史，精神病學則轉變為同性戀權利運動的堅定盟友。

西元一九九七年，美國心理學會表示：「人類不能選擇做為同性戀或異性戀，而人類的性取向不是能夠由意志改變以及一種有意識的選擇。」

西元二〇一二年五月，世界衛生組織下設泛美衛生組織，就性向治療和嘗試改變個人性取向的方法，發表措辭強烈的聲明〈為一種不存在的疾病「治療」〉，強調「同性戀性傾向乃是人類性向中一種正常類別，對當事人和其親近的人士都不會構成健康上的傷害，所以同性戀本身並不是一種疾病或不正常，無需接受治療。」

聲明再三指出，改變個人性傾向的方法，不只沒有科學證據，亦無醫學意義可支持其效果，反而會對個人身體、精神甚至生命造成嚴重威脅，更是一種對當事人尊嚴和基本人權的侵犯。

聲明亦提醒公眾，雖有少數人士能夠在表面行為上限制自己表現出本身的性傾向，但性傾向應被視為個人整體特徵中穩定、持久的一部分。

綜上所述，同性戀不是病或心理異常，無需治療，不可改變，強行改變可能有害無益。

理性的短短數百字，浸透了數十年的血淚。西元二〇一三年八月，《越獄》男主角米帥在婉拒俄羅斯聖彼德堡國際電影節官方邀請的信函中寫道：「（俄羅斯一直反對同性戀）全面剝奪了像我這樣的人活著和公開相愛的權利。」而這樣的歷史至今仍在延續。

同性戀不是道德問題。

與性相關，但少見的、不尋常的行為往往會被認為是不道德。如同沒有理由就認定同性戀是一種病態，也就沒有理由說這種正常的性生活方式關乎道德。不排除同性戀者中有不道德的人和事，但異性戀者也一樣會有。就像老師群體裡也會有禽獸，醫生群體裡也會有庸才，警察群體裡也會有敗類，而心理諮商師群體裡也有齷齪、猥瑣之徒，但不能因此就給某些群體貼上標籤。

反之，對同性戀者的歧視才是道德問題。不可否認的是，同性戀議題確實極具爭議，和死刑、安樂死、複製等課題皆屬於挑戰人類道德極限的事物。

同性戀不違法。

過去，同性戀曾被列為重罪，同性戀者受到迫害與屠殺，譬如希特勒當權時期，納粹集中營給囚犯佩戴用於識別「類別」的臂章，倒轉的粉紅色三角形即代表男同性戀（臂章的圖形可以重疊，以標明其雙重屬性，比如，猶太裔男同性戀者會佩戴一個粉紅色和黃色的三角臂章）。後來，粉紅倒三角被人們用來做為同性戀平權運動的標誌。

如今，在一些國家和地區，同性戀婚姻已合法化。而中國，則沒有任何一條法律將同性戀性取向列為違法。

有些偏激的看法認為同性戀會引發犯罪行為，甚至認為同性戀者是惡行之源。這些都是沒有根據的主觀推斷，這些說法就算可成立，也同樣適用於異性戀，所以與是否為同性戀無關。

同性戀不是罪惡。

撇開道德，這涉及宗教。《聖經・舊約》中提到「不可與男人苟合」，這成為一些基督教徒反對同性戀者的信條。某演員夫婦曾因轉發「同性戀是罪」的言論引發爭議，為大眾詬病，那篇原文就包含宗教思想。只是，不同的宗教和宗教中不同的派別對同性戀議題的態度不一，有反對否定的，也有寬容保留的，更有接納允許的。撇開宗教不談，對大多數無堅定信仰的人而言，會認為同性戀是罪惡，往往來自無知、恐懼和純潔教育所造成的觀念偏狹。

同性戀不僅是性行為。實際上，同性戀是性取向的一種。性取向是指一個人在情感或性方面對男性及女性有某種形態的耐久吸引。顧名思義，同性戀是對同性產生浪漫情感與性的吸引。就像我喜歡男人，但肯定不能說我只想和男人發生性關係，而不去愛，不去交流。

同性戀的成因尚無定論。本質主義認為同性戀是與生俱來的，由基因決定；社會建構主義則認為同性戀是社會與文化所共同造就的。這些理論各執一詞，都不無道理。

我對同性戀有一個簡單的理解：同性戀與異性戀就像左撇子與右撇子。前者少見但不罕見，既不是病，也不違法，更無關道德，不過不方便也較難適應，畢竟大多數人慣用右手，少數人比較會不受關照而冷暖自知。這樣的比方，可能較容易理解也較為中立，當然這兩者不能相提並論。左撇子不大可能因此受到嚴重的社會歧視或產生心理問題，同性戀則大相逕庭。

然而，你可能會問我，既然同性戀不是心理障礙，又何來心理問題？

告訴我，如果你發現自己是同性戀，還會像現在這麼自在嗎？

同性戀者的心理問題集中在自我的身份認同上，一方面，要形成穩定且自信的自我認同相當困難；另一方面，已有較穩定自我認同的同性戀者，要對外公開與承認其身份更是不易。

說白了，難在自己先接受自己，再難在讓別人接受自己。

李銀河在《同性戀亞文化》一書中指出，同性戀身份認同與中國社會環境、社會規範和家庭模式存在衝突，且中國文化中缺乏向父母、親友主動溝通負面情緒以尋求幫助的傾向，同性戀者只能獨自面對強烈的內在衝突而孤立無援。

劉達臨、魯龍光在《中國同性戀研究》一書中也提及，同性戀者身份在中國傳統文化中是不能被接受的事，他們很可能因為擔心自己受到社會指責與大眾歧視而導致心理問題產生。

也許，最諷刺的是中國學界的態度。西元一九九四年，中華精神科學會通過執行《中國精神障礙分類和診斷標準第二版修訂稿特別申明：「仍將同性戀列為性變態，不採納國外將之從疾病分類系統中刪除並完全視為正常的做法。」

直至西元二〇〇一年四月才撥亂反正，將同性戀歸於「性心理障礙」條目中「性指向障礙」的次條目之下，主要是指對自身性傾向感到不安而尋求醫治的同性戀者。此次的修訂，被認為是同性戀非病理化的一項重要標誌，但這距離最早的同性戀去病化已二十九年。說來諷刺可笑，可誰都笑不出來。自己人最了解自己人，身在其中，不言而喻。

西元一九九〇年，世界衛生組織在修改後的《國際疾病分類手冊之精神與行為障礙分類》前言中寫道：「一種分類是一個時代看待世界的方式。各國有各國的方式，慢，但始終向前。」目前，同性戀者高發的心理問題、心理障礙基本都來自於自我或外界的不接納、不認同。治療的目標並未改變，更多的是幫助其接受現實、適應生活。而類似困擾也會發生在具備其他個人特徵的個體身上，例如B型肝炎、狐臭、肥胖等，只是被社會歧視和排斥的程度略輕，大多也能被家人、朋友接納。

比較接近同性戀的例子可能是愛滋病，兩者都諱莫如深、難見天日。同性戀的問題是「如何生活下去」，而愛滋病的問題則是「如何活下去」。

忠於內心，始於出櫃

在我所有直接或間接接觸到的同性戀者中，東子給我留下的印象最特別。

我只見過他一回。起先是他姐姐聯繫我，姐姐擔憂而遲疑地說弟弟是同性戀，詢問能不能改變。得知不可行，姐姐的反應比較開明，轉而希望能請我幫忙讓父母接受。

我請東子本人先來諮詢，以便讓我了解他的情況和意願。

東子很高，身高超過一百八十公分，但他的形象使我估計他應該是「受」（男同性戀中的依賴角色），也可說是金剛芭比。他皮膚白皙、舉止文雅、衣著整潔、外表乾淨、談吐得體，隱約流露出一點陰柔的氣質。

先說點題外話。我曾和在美國定居多年的姐姐聊到同性戀，她表示很多女人都感嘆著「好男人大概都是同性戀」。

話說到此，我會心一笑。大多數男同性戀者都很注重形象，禮貌、整潔、彬彬有禮、善待女性、潔身自好。反觀直男（異性戀男人）往往粗枝大葉、不修邊幅、不拘小節、大男子主義，各種毛病都有。就像我先生，每週只在週日刮一次鬍子，洗完澡後不換內褲，襪子穿到破了才換，半夜看電視看到睡著、打鼾，在沙發上流了一夜口水，第二天再臭氣薰天地爬起來，匆忙沖個澡就趕去上班的男人（我克服自己的潔癖，容忍他保有一定自由，這是我愛他的方式）。

我喜歡的幾個美劇男主角都是同性戀者，比如，《越獄》中的米帥、《生活大爆炸》中的謝爾頓、《貓鼠遊戲》中的尼奧。他們都先後「出櫃」。

做為女性，我不由得感覺遺憾，畢竟這妨礙我將他們視為幻想和愛慕對象，但是勇敢至此，唯敬佩與祝福可以酬和。

話說回來，東子具備了類似的特點，不過這並非他的特殊之處——他是我認識第一個在意義上真正做到自我接納的同性戀者。

本來我做足了準備，打算先幫他確認、接納自己，但從諮商的初始，我就意識到，他已經自己完成了這過程。

東子是「七年級生」，那時，他二十五歲。在國中時，他發現周圍的男生都進入關注異性的青春期，而他卻毫無波瀾；到了高中時期，他已隱約覺察到自己的與眾不同並為此苦惱困惑；在大學期間，他的交往對象有男有女，但他真正鍾情的都是前者。畢業後，他去國外一家俱樂部工作，亞熱帶的風土氣候和開放包容的城市風格，合力紓解了他的心結，他第一次明確知道自己的性取向，而後水到渠成，進入了相關團體，遇到了真正的伴侶，可說是找到了歸宿，也算是他個人生活的圓滿結局，但若想就此皆大歡喜則非常困難。

他老家在鄉下，上有兩個姐姐，繼承香火的任務便落到他身上。他這年紀在鄉下也不算小，結婚的壓力日益緊迫。雖然東子位在天高皇帝遠之處，但他不想敷衍了事、隱瞞逃避，也不想傷害任何一位姑娘，何況那根本不是他想要的生活。

二姐和他感情最好，教育程度較高，他先跟姐姐透了點風聲，希望她轉告父母，讓父母能有心理準備，進而接受。而二姐心疼弟弟，便找上了我。

東子不願為了對父母好交代或能保有自己顏面而違背內心，他那拒絕掩藏、拒絕傷及無辜的態度打動了我。那些明知自己是同性戀還進入婚姻，把自己安危建立在毀壞他人人生的做法，我雖能理解，卻不認同，說實話，我認為這是一種懦夫的表現。然而，面對東子的真實和堅定，我反倒疑惑了：換成是我，能不能如此忠於內心呢？相較之下，我突然覺得自己很懦弱。

之後，他父母來了。一對普通的鄉下老人，除了外貌較蒼老外，沒什麼特別之處。我只記得他們舉止不安、表情拘謹、心事重重又身體僵硬，小心翼翼地坐在沙發上。

事實上，這並非理論意義層面上的諮詢，我不知道他們是以什麼樣的心態、心情前來的——揣著各種疑問想找個答案？糊裡糊塗地來聽「專家」發言？懷著微弱的希望來等候審判？

我自己是怎樣的心態，也很難說清。我在中立、尊重、理解、關懷之餘，盡量表現得篤定，盡量用「這很正常」的方式來介紹同性戀。東子父母識字不多，我找了些專業書籍請他們翻閱，那些書的厚度和上面的白紙黑字加強了權威性。他們認真地看了，可能沒有很懂，卻也沒有提出異議。我只記得他們問過「能不能改」，得到否定答案後便沉默了。

最後，我特別強調，東子現在很幸福，他具備健全強大的心靈與良好健康的心態，並擁有現在美好的生活。如果我們嘗試著去改變他，反而會讓他變得不幸。我不知這話有多少說服力。他們走的時候，是變得輕鬆了？還是覺得無望了？

人的適應力比我們想像的還要強大許多，大多數的壞消息其實都摧毀不了我們。我知道也相信，這對老夫妻最終能接受兒子的現狀，固然無奈和不甘，但他們還是會接受。想到這裡，覺得要讓年老的父母來承受，命運這玩意兒真的很殘忍。

即便如此，我只能做好分內事，幫他們更快、更明確地接受客觀現實。

後來，他姐姐又聯繫了我一次，表示父母基本上默認了，但她夾在中間，一邊了解父母的苦衷，一邊希望弟弟能幸福，這樣讓她很矛盾。該怎麼想、該怎麼做，我毫不懷疑，但我明白她。

偶爾我會想到東子，我會想是不是大多數人浪費了老天的優待，我們不用承受的那些，沒有理由說一定不會發生在我們身上，要是最終不如東子幸福，就怨不得天、尤不得人了。

除了承受，只有沉淪

我接觸的同性戀者不止一位，你可能會說那是因為我的工作，但事實上他們離我們並不遠。對於同性戀的人口比例一向眾說紛紜，主因在於我們難以取得確實的統計資料。有個不算激進的數字說是百分之二，這基本上和智力超常者所占人口比例一致。

說句臆測的話——你我周圍就有這樣的人，可能是你同學的朋友，也可能是熟悉的身邊人。同性戀不是這個時代的產物，自古有之。《紅樓夢》貴為中國古典文學四大名著之首，既寫薛蟠迷戀柳湘蓮，賈璉偶爾「也拿兩個清俊的小廝出火」，又寫寶玉鍾情秦鐘，間接引發小說第九回的大鬧書房。

同性戀中不乏出類拔萃之人，從蘇格拉底到柴可夫斯基，再到冰島首位女總理。而扮演《魔戒》甘道夫和《X戰警》萬磁王的伊恩·麥克萊恩，他早在西元一九八八年便在BBC的廣播節目中向大眾宣佈「出櫃」，之後也因致力爭取同性戀權益而聞名。西元二〇一三年，他和另一位同性戀老戲精德里克·雅各比主演了火爆英劇《極品基老伴》，影劇講述了兩個同志老伴的生活，兩個老傢伙的萌賤、腹黑、傲嬌、毒舌叫人哭笑不得，他們的相濡以沫、不離不棄讓人心口一熱，既妙趣橫生又溫暖動人。如果你是接受度較高的英美劇迷，這可謂是不可不看的好劇。

西元二〇一四年開播的美劇《性愛大師》則演繹了二十世紀五〇年代性教育專家威廉·馬斯

特斯和維爾吉尼婭・詹森的故事。其中一個重要角色——馬斯特斯的導師兼朋友，正是背負著名望與婚姻而痛苦無望的同性戀者，他的遭遇也影響著身旁最親愛又無辜的人們。

同性戀題材的影視作品不少，我個人覺得《斷背山》是最好的一部電影。好的導演會講故事。據說，原著冷峻、沉鬱、精當，電影則以收斂、節制、含蓄為基調，輔以綿延明淨的風景，調和出欲言又止的意境，伴隨著欲罷不能的情愫，舉重若輕、意味深長，最終斬獲了奧斯卡最佳改編劇本獎。好的導演會調教演員，兩位主演拋開顧忌地全心投入表演，令觀眾動容，也為他們迎來了事業高峰。

雖然《斷背山》惜敗於社會意義更廣的《衝擊效應》，未能一舉拿下當年的奧斯卡最佳影片獎，但無損於此部電影的深度。

某天深夜，我一個人窩在沙發看完這部電影。當時《斷背山》已上映半年多，評論和口碑出奇地獲得了一致好評。

講述的是敏感題材，導演的處理卻讓影評、媒體、普羅大眾都能接受與認同，兼具藝術性與商業性，幫助我保持觀影興趣，而時間的沉積也增加了電影對我的吸引力。但我很小心地不看任何影評，避免讓先入為主的觀點破壞了我的觀影感受。

電影的前半有些沉悶，冗長而寧靜的鋪陳，不疾不徐。很多藝術片都不自覺地考驗觀眾的耐心，然而，如果真是一部上乘之作，等待是值得的。我耐著性子端看，直到兩人於四年後重逢，毫無預兆地，一直內向、被動的恩尼斯猛然將傑克抵在樓梯上……我渾身的毛孔頓時張開，而他們這個激烈的熱吻讓我全身冰冷。

在此之前，我對同性戀的認識可能跟許多人一樣，帶點好奇和浮想聯翩。但那個吻猝然擊中了毫無防備的我——那是一個沉默的、壓抑的、痛苦的、扭曲的、憤怒的吻，幾乎是掙扎著要將全部的生命揉碎並灌注其中的吻；那是無聲的吶喊，是洶湧的巨浪，是噴薄的火山，是無力抵擋的毀滅；那是命運，除了承受，只有沉淪；那是愛，和你、和我的愛沒有什麼不同。

我很震驚。這是一種價值觀的撼動。

最後一幕，衣櫃中套在一起的兩件襯衣沖潰了我視覺的防線。不可抑制地，我任由眼淚奪眶而出，奔騰洶湧。我也曾經這樣愛過。這樣深信不疑地愛過。

真愛無關性別。李安如是說。

是的，同性戀、西洋片，所有貼標籤的評語都會使人產生歧義而忽略電影想要表達的本質。誠如李安對電影的態度：「這部電影不是為同性戀權利呼喊，也不是對同性戀保守的觀察。我是個戲劇家，對我來說，底線是愛情故事。」而BBC的評論是「實際上這對愛人間的激情令人震驚……這個關於愛的故事，表達出了人性中一些本質的東西，既自然灼痛又優美細膩」。

這是一個關於愛的故事。愛，無關性別；愛，無差別。

而之前的我，竟如此淺薄。

文章寫到這兒，已經數千字。先生問我在幹嘛？我說，想把自己對同性戀的看法寫得完全。這篇文章在好多年前就想下筆了，那時的我比現在年輕、比現在激烈，未必能表達得恰當。這篇文章無意為同性戀「洗白」，這個群體不過是社會的縮影，照樣有騙子、小人、蠢貨、流氓、惡棍、變態——但最重要的是，他們和我們一樣。

我想告訴大家，他們可能弱勢，但絕不是弱者。同性戀者不需要人們的可憐，我反對用同情的眼光、俯就的姿態、容忍的表情對待他們，他們需要被尊重、被接納、被視為稀鬆平常。

幾年前，我曾看過一部電影《變裝皇后》，變裝皇后又叫女裝皇后，指「喜歡以女性角色出現的男性同性戀」（《變態心理學第九版》）。他們會定期舉行比賽，評選出最佳變裝皇后，類似超模大賽或選美比賽，目前美國還有一檔電視真人秀比賽。他們穿異性服裝的目的，有別於異裝癖或性別認同障礙者，也不同於男扮女裝的反串演員，而是為了單純地獲得一種女性角色。

《變裝皇后》講述了三個變裝皇后（兩個白人、一個黑人）去參加一年一度的變裝大賽，途經美國中部一個封閉守舊的小鎮，因汽車拋錨而暫時落腳。

三位的女性裝扮豔麗無比、極盡招搖，但終究藏不住男兒身，加上行為高調、舉止做作、語言誇張，引來小鎮居民的側目與排斥。

隨著相處日深，他們融入小鎮居民的生活，用善良和熱誠給眾人帶來安慰、幫助，為蕭條的小鎮增添了歡樂與活力，甚至抑強扶弱、打抱不平，比如，救助羸弱女子，幫她打跑長期施行家暴的丈夫。

在特立獨行、格格不入的外表下，他們無畏世俗且依然赤誠的心化解了眾人的偏見，贏得人們由衷的信任與尊重，而這段經歷也促使他們自我探索與成長。

在影片的最後，小鎮居民舉辦派對，曾被他們拯救過的婦女走到其中一位變裝皇后面前，對他說：「我不知道你是女人還是男人，我只知道，你是天使。」

我不知道，你是同性戀，還是異性戀。我只知道，你是我的同類。

第五章

一半在塵世
一半在心懷

贏了房子，賠了幸福

彼岸草說，這個元旦是自己二十八年來過得最糟糕的一個——為了婚房署名的事，兩家人差點就要撕破臉了，原本將於今年五月份結婚的計畫，現在也擱置了下來。

男友是彼岸草曾經的同事，兩人談了將近三年戀愛，中間雖然有些小波折，總的說來感情還不錯，到了去年，理所當然地談論婚嫁。

彼岸草的家人提出要買套房子，這個要求並不過分，對方也同意了。因為對方家境普通，父母都是工人，手頭上沒有太多積蓄，最後他父母賣掉了一棟老家的房子才付出頭期款。剩下的房屋款項則是以他的名義進行貸款，說好由他用薪資支付，彼岸草也幫忙負擔部分。

考慮到對方的家庭經濟狀況，算是體諒對方父母，房子的裝潢費以及傢俱、家電全由彼岸草家負責，甚至，彼岸草的父母還說要給小倆口買輛車。

彼岸草的家境確實比較好，但現在一般都是由男方買房，女方負擔這麼多應該可以了。但問題就在於男方父母要求房產的名字是男方一個人的。對此，彼岸草很惱火、氣憤，她完全無法理解。男友表示他媽媽覺得彼岸草個性強，怕萬一兩人過不好，婚姻有變化時會落得人財兩空，所以想把房子留給兒子。

彼岸草覺得這話真是可笑，難道自己是看中他家的房子才結婚的？自己要是這種人，根本就不會選他！兩人還沒結婚，他媽媽就為兩人的離婚做了準備，那他媽媽是不是不相信他們兩人能過得好、過得平穩幸福？還是說他媽媽已經認定兩人會步上離婚一途？

男友能理解彼岸草的憤怒，但他深感無奈，加上他的性格較為軟弱，無論彼岸草怎麼跟他發狠放話，他在父母面前還是無能為力。

這事瞞不住，很快就被彼岸草的父母知道了，他們很生氣，說男方家小氣、不講情分、上不了檯面。彼岸草也是這樣想，覺得這樣的家庭真是沒什麼可說的，怎麼就被自己給遇上了。

元旦時，兩家人見面吃飯，在餐桌上，彼岸草的媽媽提到這事，男友的媽媽也不解釋，就只是堅持，最後，大家不歡而散。

現在，事情就僵持著，彼岸草不知道該怎麼解決——房子已裝潢好了，傢俱、電器用品也都買了，難道這個婚不結了？為什麼他的父母就不能考慮一下兩人的幸福？

因為房子的歸屬，鬧得戀人分道揚鑣，其實並不罕見，甚至時有耳聞。買房子的事情看似簡單，要皆大歡喜卻不容易，其中的關鍵是各方當事人不同的立場和心態。

先看看女方，妳用「憤怒」形容自己，不僅如此，妳心裡還湧動著其他負面情緒，比如，不平、委屈、輕蔑，這些感受從妳的角度來看都具有充分的理由。就事論事，結婚的物質成本，妳和妳的家庭承擔得也不少，關於署名的要求也不過分，目的就是想獲得公正的對待，同時保障妳的權益。我相信，妳是體諒對方且願意付出的，只是自己的付出需要得到他人的認可和肯定，結果卻剛巧相反，妳只得到傷害和質疑。

至於男方，他很理解妳，卻無奈又無能為力，想必事出有因。一般的世俗觀念會認為婚房理當由男方籌備，實際上卻很少有年輕人能自己買下動輒幾百萬、幾千萬的房子，大多得依靠父母的大力支援。說白了，妳的男朋友為了和妳結婚，為了要能有套房子，得向父母伸手要錢。一個迫於現實壓力而終身大事還要依靠父母拿出多年積蓄的成年男子，如果有孝順之心，怎能張口再向疼愛自己的父母說不呢？他不是不愛妳，也不是軟弱無能，而是他經濟不獨立，說話沒底氣。

再看看妳的對立面——男友的父母。做為婚房的主要出資者，自然要對這一筆「投資」做一番風險評估，以圖利益最大、風險最低。在他們這一輩看來，妳們婚姻的風險不僅是無法預見的未來（這一點人人平等），還包含現今「七年級生」們的高離婚率。這麼一來，財產劃分是防患未然、減少爭執的「防彈衣」。

具體來看，男方父母為了購買婚房幾乎傾其所有，下了這樣的血本，他們堅持只登記兒子的名字，是為了避免兒子有天賠了夫人又折「房」的萬一，這是典型「做最壞打算」的做法，他們的做法不是為了傷害誰或否定誰，而是一種自我保護。

最後，是妳的父母。我們會發現，其實不單是對方父母在考慮婚房署名，妳的父母也是。不過，假設妳父母生的是男孩，那麼恐怕現在他們和妳男友父母的思路會不謀而合——不能讓媳婦占盡便宜。這之中，存在最多的是華人父母特有的護犢之情，恨不能把自家孩子前途中所有好的都留下、所有壞的都清除。

大家都忙著體會自己的感受、忙著保護自己的利益，卻看不清這些自我保護、一味保障自己利益的態度，都是自私自利。保護了婚姻關係中的某個人，就是置整段婚姻的利益於不顧。撿了一地的芝麻，丟了偌大的西瓜，忘了最根本的一件大事──婚姻。婚姻是兩個人的事，兩個人利益一致，婚姻才能美滿長久，而好的婚姻才能保障每一方的利益。

以我自己為例，我二十五歲時結婚，婚房是先生家裡拆遷安置所得，登記在他爸爸的名下。其實，房子若署我先生的名，可避免未來過戶時得多繳一筆稅金，但我明白他父母的考量──當時他們也不那樣看好我和先生自主決定的這段感情。

結婚前，我爸爸曾跟我提過兩回，是否要把房子過戶，換成我先生的名字（那時的法律和現在不同），我知道這是想保障我的權益，但我顧全大局、自尊心強又怕事的媽媽並不贊成。而我自有主張：首先，這不是我先生掙來的產業；其次，如果我們婚姻美滿，誰也不會把我趕走；最後也是最重要的，為求「公平」理論，無疑挑起事端，會在婚姻的開頭投下陰影。

就我看來，那不是一棟有現金價值的房子，而是我的未來，我要在自己的家裡過好每一天。

在我們結婚第八年，先生的父母買了一棟大房子自住，這回用先生的名字購屋。婚後第十三年，我們自己也貸款買了一棟大房子。目前，我還住在原處，這個我待了十多年的房子，雖然不是登記我們的名字，但它卻是我們的家。

婚房即便署上了自己的名字，若兩人成了怨偶乃至勞燕分飛，可以說是「贏了房子，賠了幸福」，完全是筆賠本買賣；婚房即便沒有寫上自己的名字，若兩人互敬互愛、懂得溝通商量，妳能幸福一輩子，也能安住一輩子。

未來確實充滿未知，誰也防不完所有的未然之患，與其杞人憂天，不如著眼近處。不妨問問自己：我的做法是讓現在舒坦還是給未來留下隱憂？我是該時時去鋪退路還是該往向前狂奔？

妳問，為什麼他的父母就不能考慮妳們的幸福？

我倒要問，要怎麼做才叫做考慮妳們的幸福？

如果現在妳的利益不周全，如果現在妳的感情被質疑，妳要反問自己：是要馬上據理力爭，不惜雞犬不寧，面臨著婚姻損害，然後印證他人的不看好？還是要理解口說無憑，從此埋頭耕耘，用時間、事實和生命的豐收去回覆他人的存疑？

黑暗大BOSS

程喆坐在我面前，用「失意」二字形容自己這幾年的人生，他說自己接連遭遇好幾次打擊，生活一次次地發生了意想不到的變故。

起因是他意外地檢查出自己得了B肝。

大學畢業後，他進入食品業的一間龍頭公司，努力工作了四年，好不容易升到一個不錯的位置。原以為能一路平穩地做下去，然而，一次例行體檢卻得出了這個結果。

當時，他周圍的人並不知情，但畢竟是在食品業，而且公司面對這問題非常嚴謹，以前就有同事因此被辭退過。

想到萬一被人知曉甚至揭穿，後果將會更為不堪，以後也遲早都要面對。考慮再三後，他於兩個月後辭職了。

往後幾年，他連續考了幾次公務員考試，前兩次的筆試都很順利，成績也很不錯，卻都因為體檢被淘汰。等到第三次，他已失去信心，連筆試都沒有通過。這對他的影響非常重大，原來性格就比較內向的他，現在變得更沉默，不願與人交流、相處。

如今，他在一間小企業工作，做一名管理人員。之所以做這份工作，是因為老闆是他爸爸以前在工廠認識的徒弟，出來做了幾年後發達。而老闆對他還算客氣，交代的工作不多，他也都能勝任，但他從未對這間企業產生過歸屬感。

老闆只有專科學歷，程喆卻是大學畢業生。老闆雖然人不壞，但程喆對他的管理方式卻難以認同，對他的言行舉止也不敢苟同。但畢竟老闆在自己最消沉的時候伸出援手，自己寄人籬下也不得不低頭。

工作不理想，程喆也沒有心思談戀愛。曾相親過幾次，但自己總是沒有動力，像是應付差事一樣。這樣有誰會看上自己？就算有看上自己的女孩，大概自己也看不上。

父母見程喆這樣，也無可奈何，經常唉聲嘆氣。

程喆常怨恨命運不公，為什麼讓自己患上B肝？他自認沒做過什麼壞事，不應該得這種病。他覺得B肝毀了自己的人生，自己過往的努力也都白費了，這樣的自己注定無法得到幸福。

如果沒有這種病，他覺得自己不會是現在這樣子；因為患了這種病，往後的人生也不會再有什麼指望了，一切只剩迷茫……

如果說，我能理解程喆的感受，他可能會不以為然，因為得B肝的人是他，不是我。不過，我相信他會同意這個事實——每個人都有自己的苦衷、都有自己的缺憾，所以，我們是「平等」的、可以相互理解的。

一個普通人的人生總是附帶這樣或那樣的困境，其中一些是「先天不足」（比如身高），另一些則是「客觀現實」（比如疾病）。這些沒有人樂意碰見的遭遇，要嘛是我們與生俱來的，要嘛是我們無法預知的。

能改變、能改善的就積極面對，如果一時之間難以改變，甚至永遠不可能動搖，那還不如去接納它。反正，它不會因為你不接受而變好。

具體而言，B肝是程喆不可動搖、糟糕透頂的客觀現實。得到B肝之後，他失掉了好端端的工作，三次公務員考試未果，最後還被他不認同的老闆「收留」。

一個男人面臨這些非主觀的失敗，真叫人惋惜，也難怪他會說：「因為一個B肝，我的人生就徹底毀了。」

B肝會毀掉一個人的人生，聽來好似煞有其事，但又會讓人疑惑它是否真有如此威力。

先來說說一個普通人的職業選擇。假設一個人站在中心點，四面都是放射狀的道路，從一開始，這些道路就有一大片是關閉的。隨便加諸一些條件做為前提：**性別**——男性通常不會選擇成為幼稚園老師，女性當軍人的可能性較低；**學識**——文組學生通常不太會成為醫生；**體質**——身高一百六十公分的人基本上打不了職業籃球；**性格**——沉默的人比較不適合做業務；**其他**——口吃者難以勝任老師……

即便樣樣出色，只一個性別條件，人生就有無數選擇對你關上了門。而這些被關閉的道路，受我們的客觀條件制約也很難突破。換個角度想，這其實也有好處，它省去了一些麻煩，為你排除了不屬於你的路，剩下的就是你能走的。

其實，沒有一個人可以走通所有的路——條條大路通羅馬，你只需要找到你要走的那一條。

就算是因為B肝，那些關上的門、封閉的路，真的會讓你完全走投無路嗎？或者，B肝就像性別、身高，只是替你遮住了部分道路，同時也使另一些道路變得清晰。

程喆，只要看看你現在的老闆，就能有所啟發。專科學歷，以前在工廠裡做工人，現在出來做獨當一面的老闆。這樣一個你不太瞧得起的人，論學歷不濟、論起點不高、論思路不夠先進、論舉止不夠得體，每個人都有自身的不足，但他沒有限制自己的想法和步伐，反而打開了自己的門，走出了自己的路。

除了我們周遭各自不足的普通人外，那些突破先天、後天重大侷限的人也比比皆是，從寫出《史記》的司馬遷（遭受宮刑）到霍金（漸凍症），再從鄭豐喜（先天身心障礙）到約翰・奈許（精神分裂症）。

你當然可以找理由，說那些成功者都不是凡夫俗子，而自己實在太普通了……但我認為，他們原本也只是背負著命運缺憾的凡人，唯有去面對、接納、突破，才能使他們變得不平凡。

有無數的實例可以證明：人不會被任何缺憾絕對地束縛及打倒，我們始終有贏的一面。

反過來看，如果你甘心被束縛或被壓倒呢？來看看你說的話「如果沒有這個病，我不會是現在的樣子，有了這個病，今後的人生也不會再有什麼指望」，這就是掉進「如果」的意識陷阱，假設沒有這遭遇未來一定好，假設有了這遭遇未來一定壞，這就等於在說：「我不願接受客觀的既成事實，也不願改變主觀的自我認知。」

否認現實、否定真實自我，這樣壞的客觀事實和壞的主觀心境都會持續發酵，最終你的「預言」就會成真。

「我常常怨恨命運不公，為什麼讓我得B肝，我自認沒做過什麼壞事，不應該得這樣的病」一一進行錯誤的歸因，會使我們把生病和人品建立出一套因果關係，也會開始質問「為什麼」、質疑「不應該」。那麼，誰又「應該」呢？這般怨天尤人後，情緒得到了宣洩，但也等於把責任推諉給老天、把改變的權利拱手相讓，讓老天承擔失敗的原因，而你則成了失敗的結果。

不接受事實也不接受自我，不承擔現實也不承擔改變——這樣的你，人為地自我設限，把一切的罪責歸因於B肝、口吃、矮小、狐臭、失聰、癲癇、遺棄、虐待、性侵、家暴、背叛、離婚、毀容、殘疾、吸毒、賭博、同性戀、失眠、強迫、抑鬱、恐懼、教養失當、雙親失和、父母離異或童年創傷……

看來，你已不戰而降。而以上列舉的都是我曾遇過的真實案例。

諮詢者初來時，往往會說是某事物毀了我的生活，如果沒有它，我的生活一定不只是這樣。他們的感受都是真實的，卻非全然的事實，不然，但凡是人，十有八九都應該毫無招架之力，直接癱倒在地、一蹶不振。

換個角度想，這也說明了命運自有它的公平之處，每個生命都是獨特的，都在負重前行，也都不孤獨。

那幾個字真是我們命運的幕後黑暗大BOSS嗎？那幾個字真有足以毀滅一個人人生的負能量嗎？又或者，這股能量只是來自於你不平的內心罷了？

解夢讀心

真愛來諮商的時候，面容憔悴，她說自己一直被同一個夢境困擾。而這個夢境源於她先生的一個錯誤——

十年前，先生有過一次短暫出軌，是真愛在無意中發現的，對方是個來自外地的年輕女孩，和先生在一個培訓課程中相識。

當時，真愛和先生經過六年的戀愛，剛步入婚姻不久，彼此確實缺少了一些新鮮感，但感情基礎很堅實。因為先生個性較內向，一般很少和女性來往，所以真愛從沒想過會發生這樣的事。雖然夫妻倆都不願放棄婚姻，也很努力地面對、解決。但是，這是真愛人生中遭遇過最大的一次打擊，她沒有告訴任何人，包括家人、朋友，所以外人都看不出她有什麼變化，只有先生知道真愛幾乎崩潰了。

真愛整夜無法入睡、吃不下飯、不想出門、不願說話、不肯見人，情緒低落卻又沒有一滴眼淚，先生當時還很害怕真愛會自殺。現在回想起來，那時的真愛可能患有輕度憂鬱症。

一年後，真愛逐漸走了出來，重新開始信任先生。現在看來，經過這件事，兩人的感情變得更成熟也更親密了。而現在的真愛是信任先生的，也確信他值得自己信任，只是偶爾想到往事，依然不免感傷。

真愛自覺自己對很多事的理解力和承受力變高了，雖然沒有因此變得樂觀，但奇怪的是，從那以後，真愛開始做同樣的夢，夢到他又出軌了，而對方是不同的女人，大多都是陌生的，而夢裡的他對自己的所作所為毫無悔意。

每次在夢裡，真愛都感受到撕心裂肺的痛，感到委屈、憤怒，無法相信也無法理解，甚至醒來的前一刻還在哭泣、流淚。夢醒，她知道這不是真的，真實生活也沒有再發生任何讓她感到懷疑或擔心的事。因此，她不知道這些一再重複的夢代表什麼或預示什麼……

誰都會做夢，但被同一個夢困擾到如此地步，是時候接受專業幫助了。

真愛的夢和她的生活似像非像，它總是不請自來、反覆發生。在夢裡，真愛痛徹心扉，如同往事重演，所以，她想知道，自己的夢究竟意味著什麼。

好，現在就來梳理「妳的夢」。而我們要梳理的有兩個部分：「妳」和「夢」。

先來說說「妳」，也就是真愛本人。

遭遇他的背叛是妳人生中最大、最意想不到的沉重打擊，以致於妳崩潰、抑鬱，花了一年的時間才解脫出來。當時的妳選擇不向任何人傾訴，獨自一人承受，雨過天晴的十年後，往事依然讓妳感傷，這就說明了妳是個敏銳易感、體驗深刻、擅長忍耐並壓抑情緒的人。

同時，妳個性中有足夠的堅韌和難得的理性，能幫助妳面對挫折、戰勝自我，和對方一同成長，以達到感情的新境界。這一路走來，一定很艱難，而既感性又理智的妳把這兩種特質結合起來，以感性體驗，以理性理解，截長補短、隱惡揚善，進而度過難關。

誠如妳說的「自覺自己對很多事的理解力和承受力更高了」，妳完整地消化了真相、接受了事實、容納了傷害，這的確使妳的接納度提高了許多，這也意味著妳要說服自己直面人生中的不幸、人性中的醜惡，克服生來對它們的抗拒，壓抑自己消極的情緒，並且將這一切加以合理化。這或許可以讓一個人變得平靜，卻很難使一個人變得樂觀。

再來說說「夢」。

夢是睡眠的一部分，每個人每晚都會做夢，夢境卻大相逕庭。而大多數的夢都是短暫的，但幾乎人人都有自己「專屬」的夢境——獨特、重複、情緒強烈、印象深刻，然後頻繁地發生在人生某一個階段。「專屬」的夢和短暫的夢性質相同，前者與做夢者生活經歷的關聯度更高，與人格個性的關聯度更深，彷彿打上了做夢者的烙印，也更易揭示其內心。

不管夢境與現實有怎樣的關聯，清醒時，我們都能分辨出夢的具體內容是非理性、是否合乎邏輯，如妳所說「不同的女人，大多都是陌生的」、「這不是真的」等。有一類的心理學觀點認為，夢境本身並無意義，有價值的是夢境中所體驗到的情緒。

在日常生活中、在清醒狀態下，各種負面情緒都處在「意識」這個守門人的調控之中，或被壓抑，或理性化，但並未消失。進入睡眠後，「意識」放鬆了管理，情緒再度活躍，變通地從夢境中解放出來。如此一來，夢中的情節並不重要，反倒是這些情節讓妳體驗到的情緒，尤其是負面情緒，都能從實際生活中找到相應的源頭，極具現實意義和參考價值。

現在，我們把「妳」和「夢」兩相結合後再作解讀。

遭遇背叛，對妳而言無疑是鮮血淋漓的慘痛經歷，它打破了妳對愛人的認識、妳對自己的判斷、妳對人生的期待、妳對生活的看法。在廢墟上重建生活、重建信任需要莫大的勇氣和智慧，而妳做到了。然而，無論用怎樣的勇氣和智慧都無法抹去曾經發生過的事、曾經遭受過的煎熬。柳暗花明，事過境遷，妳已走出了陰霾，但如今的妳是附帶著傷痛的妳，最強烈的情緒不再捲土重來，卻依然殘存在妳的記憶中，如影隨形。眼下的幸福美滿是真實的，而曾經的委屈、憤怒、心酸、失望、消沉也是真實的，它們佔據一個偏狹角落，未曾全然化解或消失於無形。

偶爾，妳還是會有一些隱憂，因為妳曾見過生活的另一面，但妳可以理智、堅定地面對。久而久之，那些被拘押的負面情緒會躁動著想要放放風，便趁著睡眠中「意識」打盹的間隙，藉由夢境幻化出來，曲折地向外訴說。不要過分拘泥於夢境，它其實是受抑制的潛意識之反映，是情緒天然的出口，是對「主人」的暗示。我們也因此多了一面觀照內心的鏡子，多了一種釋放自我的管道。

妳雖然不再無憂無慮，但妳已經可以承載更多且步履仍舊輕快。

夢，是為了幫助妳平衡妳的負重。

不想當將軍的士兵

三十三歲的婷最近遇到了煩心事，說出來，大概沒多少人能理解她的糾結，她也怕朋友們覺得自己矯情，所以，她找到了我。

上個月，校長找婷談話，要提拔她做教務主任。這是多少人夢寐以求的，婷當時以自己的工作能力有限婉拒，但校長說自己信賴婷，對婷的能力、人品都很看重。

當時，婷擔任學科召集人已兩年了，儘管校長表示沒有更合適的人選，婷還是以家裡孩子尚幼小、老人身體不好，自己也不太會八面玲瓏等理由推辭。只是，這些理由都被校長用大道理擋回，校長決心已定，婷也無可奈何。回到辦公室，婷覺得心裡難受，因為她不認為自己適合當教務主任。

這兩年，婷體會了各種煩惱，左右逢源的疲憊、悶頭苦幹的艱辛，甚至是被批評和誤會的委屈，婷覺得自己還是當老師比較適合，也比較快樂。

也許很多人拼了命地想往上鑽，城外的人想進去，城裡的人想出來，這「圍城定理」悟得越來越明瞭。婷覺得，也許是自己得到的過程太過順利，教學一等獎、論文一等獎、主任表彰等，該有的都有了。

但婷從不會肉麻地刻意迎合領導，她只是努力、踏實地工作，真誠、謙和地待人，用一顆包容、喜愛的心去對待自己的學生，用校長的話說就是「妳如果再喜歡表現一點就好了」。

婷現在擁有的一切都是真材實料，剛開始工作時她就知道，自己是個沒有任何背景的人，自己有的只是勤奮的工作態度還有對工作所保有的熱情，因為她真心喜歡當老師。

現在，她一邊忙於應付行政職務瑣碎的雜務，一邊還要負責教學，魚與熊掌不可兼得，有些行政人員寧可耽誤學生課業，也不願放棄任何一次在校長面前表現的機會。可是，婷寧願不當主任，也覺得自己要對得起學生，她寧可花時間改學生的作業、考卷，也不願花時間寫公文。但是身為主任，強烈的責任心又讓婷覺得必須要做好校長所交辦的任務。她是出於責任，而不是想討好校長。所以，婷覺得很累，尤其，心最累！

婷很注重自己的心理健康，平時感覺自己的心態還算平和。要改變這樣累人的現狀，要嘛專心做行政事務，不從事教學，婷就不會覺得對不起學生；要嘛專心進行教學，不處理外務，婷也不會覺得自己不稱職。

然而，這是不可能的，即使當了教務主任，還是得上課，所以她才會想推辭。

有人說，多年媳婦熬成婆，等婷上手後或許之後就不用教書了。但她討厭官場那些虛偽的嘴臉，討厭陪人吃飯的交際應酬。

婷的媽媽勸她：「妳就接受吧！這社會就是這樣，當官總比百姓好，當百姓根本沒人理！」

婷說：「這次如果升上去，津貼會比現在高，但這錢是犧牲我的精神、時間換來的。我寧可不要這錢，也想找回當老師的那份快樂，除去現在的煩惱，找回我內心的平和！」

媽媽告訴她：「健康包括身體健康、心理健康和良好的社會適應能力，妳連現在這種社會的遊戲規則都不能接受，也談不上什麼健康。」

婷有考慮換一所學校任職，但調動需要人脈，她的社會資源也有限，校長知道了一定很不高興——白培養了妳一場。婷也不願背負「忘恩負義」的罪名，因為沒有校長的重視，她也不可能走到今天這一步。

老公跟她說：「如果調離，妳十幾年的工作資歷與威望會功虧一簣，到了新學校也要論資排輩，什麼好事都輪不到妳，大量的工作都會排給妳，妳不見得會比現在好過。」

但婷不在乎名利，在乎的是自己心靈的解放。工作苦不要緊，可累人不可累心！

好友對婷說：「你是不想當將軍的士兵，但還是個好兵。」

做為心理諮詢師，不可能幫人選擇，但我可以從心理層面為她進行分析，幫助她調整自己的心態，找到自己的出路。

不是所有人都能理解婷的困擾，也許認為這是好事的大有人在，但我明白，婷有多為難。

不過，我想告訴婷：這不算是一件絕對的壞事——校長要提拔妳，總好過要辭退妳。可是，這個決定即將改變妳的生活、擾亂妳原本平靜的心。

原本妳只想投身教職，心甘情願為孩子們付出，享受著前線工作辛苦過後的成就感，可以一方面過著單純的生活，一方面實現著個人的價值。

後來，工作表現出色的妳晉升為學校的主任。做為一個有責任感、對自己有所要求的人，妳既不想耽誤公務，又不願損害教學，很快地便從身體累、頭腦累升級成心累。加上妳的個性不熱衷鑽營、不擅長應酬，因而對此感到反感，產生適應困難。

身為主任，妳要應付瑣碎的公務，教學也還要進行，兩種崗位間的交叉影響，使妳內心的矛盾、衝突勢必更加激烈，首當其衝的是妳的心境，不由得妳不糾結。

妳很想突破困境，想要「改變這樣累人的現狀，要嘛專心做行政事務，不從事教學，我就不會覺得對不起學生；要嘛專心進行教學，不處理外務，我也不會覺得自己不稱職」。

事實上，人生的選擇題不會這麼一目了然，妳自己也清楚這樣理想的方案並不現實。

接下來，妳另尋出路——調離現在的學校，換一所新學校。這個方案確實有可行性，但也談不上理想，反而會問題百出：

留下，接受升職，校長會滿意、津貼會增加，會更被人尊重，但是這是以犧牲個人精力和時間、快樂及平和所換來的。教學受影響，還要壓抑自我、虛偽過活，累人又累心。

調離，重新開始，可以解放心靈，單純地做老師。但調動很難，加上校長會感到不滿，自己還要背上「忘恩負義」之名，真的進了新的學校，前十多年的資歷歸零，好處輪不倒自己，教學工作卻難免繁重。

真的是進退維谷。我相信，只有好老師才會遇到妳這樣的兩難處境。

從哲學的角度而言，兩難之所以難，是因為兩方面都具有一定的合理性。如黑格爾所言，兩種合理性的衝撞，其中往往包含著深深的無奈。

心理學的解釋較為具體，心理學家勒溫將意志、行動的心理衝突、動機、鬥爭分成四類：雙趨衝突，如魚與熊掌；雙避衝突，如前狼後虎；趨避衝突，如想吃糖又怕胖；多重趨避衝突，即對兩個或以上目標，兼具好惡的複雜、矛盾的心理。

而妳的困境屬於最後一種。多重趨避衝突中，如果幾種目標的吸引力和排斥力相距較大，尚且不難；如果比較接近，那麼解決衝突就相對困難，需要反覆考慮得失、權衡利弊。因此，妳輾轉反側、難以抉擇。

心理諮商師不可能幫人選擇，但我會提供一些角度和思路，與妳一同討論。

人嘛，天性使然，總是趨利避害，希望得到想要的，避開不想要的。反過來，生活中擺在我們面前的趨避衝突非常普遍，甚至稀鬆平常。這是一種矛盾，而這個矛盾已經預示著任何選擇都不完美，必然要付出成本、付出代價，承受損失或者承擔某種後果。要解決這矛盾，就要確定得失——即便魚與熊掌都是好東西，妳也要決定該放手其中的哪一樣。

所以，老天不會那麼便宜我們，這正是對我們心態的一種考驗。

眼前的選擇、任何的事物都存有兩面性，需要換個角度辯證地觀察。

妳不想做行政工作，因為妳不適應這場合，妳只想把精力投身教學、對學生負責。那麼，假設讓另一個想當官卻不辦實事的人當了官，是否對學生會有更大的損害？而這份公職也意味著責任，妳的不願承擔是否也是一種逃避？不適應官場，是否就無法為官？這也有待商榷。不趨炎附勢而埋頭苦幹的妳晉升到召集人，又被提拔為教務主任，可見為官也需要一定的口碑和辦事的能力。

既然有對名利趨之若鶩者，他們顯然更適應官場、更擅長迎合校長，那校長怎麼沒遵從「潛規則」而提拔他們呢？

位在小官場如同身處大社會，都需要適應，卻不等於需要徹底妥協、犧牲自我。

華人哲學推崇外圓內方，妳仍可保持自我，不與他人衝突，將自己塑造得外表圓融、內心堅韌。比如，我們都知道，酒桌上有從不喝酒的男人，官場裡也有從不擺架子的官員，他們都能被人接受，也都沒有與眾不同。同樣的，適應、接納是對我們心態的一種磨練。

我贊成妳對個人心理健康的注重，對於妳媽媽所說的話，我更要擊節嘆讚！「健康包括身體健康、心理健康和良好的社會適應能力，妳連現在這種社會的遊戲規則都不能接受，也談不上什麼健康」她說得真好！這是有閱歷的人生智慧。

無論將軍還是士兵，想要做好，就離不開好的心態。最好的心態，不是因為萬事如意，反倒是生於憂患，蓬勃於逆境。最好的心態，是勇於接納——接納自我、接納困難、接納現實，包括那些妳不贊同的部分。

人生在世，身不由己，卻能心無旁騖。妳依然可以自由地做任何選擇，只要它帶來的一切，妳都已做好準備。

婷來諮詢的一週後，她發了訊息給我，表示這星期過得很愉快，我的話給了她很多啟發，她很認同「最好的心態，是勇於接納——接納自我、接納困難、接納現實，包括那些妳不贊同的部分」這句話。

是啊！人幹嘛那麼較真呢？

最後，她告訴我：「前段時間自己一直在鑽牛角尖，現在走出來了，該面對的還是得面對，做最好的努力，做最壞的打算。」

小敏來諮詢的時候，說自己以前對周圍的一切都不太在意，所處的環境也相對簡單，從沒像現在這樣壓抑過。

原本她在一所學校做會計，大約三年前進了現在的公司工作，雖然收入高了，但情緒卻越來越低落，甚至覺得每天去上班都像是煎熬。

其實，工作本身是小敏能勝任的，而且工作事項也不算多，但工作環境、同事關係實在讓她窒息。財務辦公室就兩個人，按理來說關係應該很單純，但小敏就那麼倒楣地撞在槍口上。跟小敏同辦公室的女同事是單位的副主任，今年四十二歲，她老公是單位上頭主管機關的局長，所以連公司的高層都不敢輕易得罪她。這位副主任的壞脾氣是出了名的，她說話專挑難聽的說，特別嗆辣，一點都不給人留情面。據說她在家是母老虎，張嘴就罵，老公都被她訓得服服貼貼。小敏認為，她脾氣這麼壞，可能跟她沒有生過孩子有關——她有個女兒是領養的。

說她完全是靠關係也不公平，她的工作能力很強，單位上有麻煩的事，她一下就處理好了。因為主任也要看她臉色，她在單位裡簡直是呼風喚雨，大家都在加班時，她說家裡有事就請假走了，最後加班費還照拿。

最近她跑去跟主任吵著要加薪，一開始主任不肯，她吵了兩次，主任也不得不接受了。理由是，她是高級分析師，應該按高級職稱拿薪水，還要求公司要把今年前幾個月的差額都補給她。

主任之所以一開始不想給她加薪，是因為單位裡有好幾個高級職稱，若要加薪就一起加。然而，她特別精明，只要和自己利益有關的，從來不會放過，包括一些考試培訓，她都會表示對工作有用而去參加，然後再跟主任報銷培訓費用。其實，之前她參加高級經濟師培訓時，也問過小敏要不要一起去，但小敏怕考試、怕背書、怕花時間和精力，所以沒有報名。

小敏認為，副主任是個很厲害的人，她想做什麼，最後都能做到；她想要什麼，最後都能得到。只是，小敏最受不了副主任的是——她喜歡窺探別人的隱私、打聽別人內心的想法。譬如，她經常問小敏的私事、家事；例如，小敏老公的薪水待遇、小敏孩子的考試成績，然後又總是逼小敏回答。然後，她也很喜歡說其他同事的壞話，也總是問小敏的看法（其實就是要小敏同意她的觀點），如果小敏不回答，她就一直問到小敏回答為止。所以小敏不能不回答，否則她一定會當面給小敏難堪，讓小敏下不了臺。

小敏表示副主任常說：「哎呦，還保什麼密呢？這有什麼大不了的。」對別人，她也一樣。她是副主任，是主管，而小敏只是個普通的辦事員，小敏只能順從。雖然當初小敏也是親戚介紹來的，但算不上有背景，副主任也不把小敏放在眼裡，有時小敏真覺得副主任把她當成腳下的螻蟻。

其他部門的同事知道副主任的德性，都對她敬而遠之。小敏覺得自己最倒楣，既惹不起又躲不起。和她相處，小敏只能一而再再而三地退讓，壓抑自己，說一些自己根本不想說的話。

現在，小敏想起她的臉都感到緊張。小敏恨副主任，更恨自己這麼沒用，但自己就是不敢得罪她啊！

有時，小敏也羨慕她的強勢，想做什麼就做什麼，不像自己整天唯唯諾諾、軟弱可欺。這個社會就是弱肉強食，只有這樣才能保護自己，小敏也想讓自己變強，可惜就是做不到。

遇上霸道的女主管，在狹小的辦公室裡四目相對，低頭不見抬頭見，也確實夠小敏受的。副主任有很強的後臺、很強的能力還有很強的個性。相比之下，小敏年齡、資歷不如她，背景、能力也不如她，只有脾氣比她好，獨這一條更要命，叫小敏吃足了苦頭。

老被她欺壓，又眼見她呼風喚雨，難怪壓抑、怨恨的小敏要發出「弱肉強食」的嗟嘆，埋怨自己軟弱無能，羨慕對方的強勢為她帶來的保障和利益。

也許，她真有可取之處。能跑去跟老闆「鬧」加薪，氣場確實不一般。但這事能成，離不開「軟體」運行——讓主任投鼠忌器的後臺，以及「硬體」支援——她的高級職稱。

她發揮強勢和精明，為自己爭取更多利益，其實沒有錯，同時，她也沒妨礙妳的利益，甚至妳還可能因此受益。假如，小敏，妳也有高級職稱，妳就能隔岸觀火，坐收漁翁之利。

說到這裡，妳應該反省一下。害怕考試而放棄報名的妳，有理由、振振有詞地批評對方？如果妳也有高級職稱，會不會高度讚揚她？懶散逃避的妳其實會慢慢變成一顆自欺欺人的酸葡萄。

她是精明的，而妳也可以有妳的「精明」，不用不擇手段，通過努力為自己創造機遇、獲得機會。

再看看最讓妳受不了的一幕——她「喜歡窺探別人的隱私，打聽別人內心的想法」。這很可惡，很讓人反感，而她竟然還「逼」妳說，逼到妳開口為止。而事實就是，她每次都會成功——因為她「逼」妳，所以妳不得不違心地服從。

真是這樣的嗎？她有拿刀架在你脖子上？

當然沒有。她確實咄咄逼人，但顯然不是所有人都會買帳。那些被她譏諷著「哎呦，還保什麼密呢？這有什麼大不了」的人就沒有。那妳為什麼要買帳？妳為什麼要用背叛自我來買帳？因為妳「怕」。妳怕得罪她、怕尷尬、怕壞了關係、怕被傷害。只是，到頭來，妳還不是傷痕累累？

有些人會透過施虐來獲得快感、滿足自己的控制欲，填補內心的空缺（比如沒有孩子），所以會肆無忌憚地傷害他人。她也許是這樣，但傷妳的，不是只有她，還有妳自己。甚至，妳才是主謀，她不過是幫兇。是妳為了求和，自願讓她有機會一再傷害妳。怕事退縮的妳，沒有守住自己的疆界，一味割讓，對方又怎麼會不擴張、不侵犯？

讓妳像她一樣攻城掠地，妳做不來，而且強敵當前，妳也鬥不過。放心，我不主張任何人與其他人為敵，劍拔弩張只會兩敗俱傷。

可是不這麼做，該怎麼辦呢？

她是強勢的，而妳也可以有妳的「強勢」——把握心理疆土，用正確的戰略、戰術來擊退侵犯者。

其一，要明確——不想說的就不說，尤其是私事。她有她打聽的權利，妳有妳保留的權利，這二者並不衝突；

其二，無須為了討對方歡心而讓步——妳不可能做到永遠讓某個人滿意，對方反而還會因此變本加厲；

其三，不要低估對方的承受力——她可能不快，但未必會大發雷霆，更不會生吞活剝了妳；

其四，不要小看自己的抗壓能力——妳現在承受的也不少，可不也沒有引發災難性的後果？

其五，人的適應性很強——妳適應了現在的她，她也能適應今後的妳，妳只要重複自己改變後的新行為就行了。

具體來說，該怎麼回答她那些問題呢？

妳可以老實作答，不帶情緒，無視話語中的挑釁，讓她覺得無趣。妳也可以笑問她「妳真那麼想知道呀？」，讓她變得無語。妳還可以陽奉陰違，誇她消息靈通又很關心他人，讓她感到尷尬。妳更可以佯裝好奇，以其人之道還治其人之身，問她同樣的問題，讓她顯得失措。或者，妳可以客觀中立，擁有自己的見解，不衝撞、不迎合，讓她感覺失望。

我自己最常採用也最推薦使用第一條和最後一條，因為既能保有鮮明的自我，又能減少攻擊性，舉重若輕，禦敵千里。

答畢，她也許會攻擊妳一句刺耳的話，而這意味著她的被動和受挫。

她是自我的，而妳也可以有妳的自我——擁有明朗、堅韌的自我，適度地展現它，妳才不會壓抑得窒息、恐懼得想逃。

這個世界是適者生存，但弱肉不一定會被強食。猛虎瀕臨滅亡，螞蟻卻很茁壯。與其強勢地去侵犯他人，不如自強地完善自我，而「想要什麼都能得到」的她也有左右不了他人的評價、得不到由衷歡迎的時候。

來吧！做回妳自己。如果原來的妳不夠好，就從現在開始塑造妳自己。

過年單身批鬥會

春節前，嘉蘭來找我諮詢，她說自己二十五歲以後，就越來越怕過年。她的故事是這樣的：去年，比我小的兩個表妹都結婚了，同輩的幾個孩子就只剩我還沒有對象。一到過年，就像過堂一樣，親戚不約而同地輪流來問我終身大事，好像除此之外就沒有別的話題可講了。

親戚們有時聚在一起竊竊私語，看見我走來就閉口不談，裝得像沒事人一樣，小心翼翼的模樣——其實我知道她們在講什麼。有時，她們又語重心長地想跟我促膝長談，彷彿我是家裡最不成熟、最不懂事、最讓人操心的麻煩人物。

一想起這些，我就覺得反感，甚至反胃。

我不是不懂事，我曉得這是關心，因為是典型的華人家庭和華人文化，但我不領情，也不需要他們同情。這種公審似的場面，這樣被告似的身份，這些自以為法官似的三姑六婆，全都讓我覺得窒息、無地自容，好似是做了什麼見不得人的事或是自己有什麼隱疾、怪毛病。總之，我覺得自己很失敗，有種深深的無力感。

畢竟年齡也不小了，我承認自己也變得有些敏感。有時，別人隨便的一句話都會讓我聽得刺耳，就連「快點給我們吃喜糖」之類的話，都讓我生厭，他們不知道尊重嗎？還是他們覺得我是個不需要被尊重的人？

說實話，我表面上滿不在乎，其實也渴望愛情，可惜相親無數，就是遇不到對的人。最近我不免會想，也許就隨便找個人嫁了吧！不管遇到怎樣的人就嫁他吧！反正我也找不到幸福了……

說到春節，就想到一家子團圓，但這場面對人生大事還沒著落的年輕人來說可算一場災難。平時只要面對父母就感到難以招架，此刻還要應付眾人的目光與質詢，然後無助地成為「眾矢之的」，壓力簡直是以幾何級數方式增長。

嘉蘭的遭遇和感受其實很典型——被一群人團團圍住，以關心、愛護的名義「被審判」，幾無招架之力、敢怒不敢言的這種場面，春節時期勢必會在很多尋常人家中上演。

嘉蘭當然也知道，這種關心通常都是出於善意，其中有部分是出於社交禮貌，但無論關心的性質如何，都隱含了對當事人社會形象與能力的評價。換言之，關心背後有著狹隘的價值觀——結婚才是正確、正常的。換句話說，就是對單身的人進行社會形象的否定和能力的質疑。

從嘉蘭的立場看來，這樣的關心不僅是種否定，還是種侵犯，這侵犯了當事人外在的主權和內心的安全感。何況，言者無心，聽者有意，當事人其實才是最在意的那個。所以不怪嘉蘭聽來刺耳、自覺失敗，因而對這些好事者心生反感。

除了對外的抵觸，還有內在的糾結。嘉蘭恐怕覺得自己給父母添了很多麻煩，所以覺得別人看自己像「家裡最不成熟、最不懂事、最讓人操心的麻煩人物」，這便是典型的心理投射。嘉蘭怎麼想，就覺得事情是怎樣。然而，她不願承認這樣的感受，內疚、羞愧便會轉化為更強烈的厭煩、憤怒。

年過完了，「法官們」卸任了，「批鬥會」散場了，壓力卻留下，然後不走了。在被告席上待久了的嘉蘭既憤怒又沮喪，因而覺得「也許就隨便找個人嫁了吧！」好讓家人滿意……

在工作中，我不止一次聽到這樣的言論，甚至我生活中的好友都栽過這樣的跟頭。家庭的期望、社會的眼光、自身的焦慮以及不容樂觀的現實，重重壓力疊加在一起，會讓人有多灰心、失望。這種感受我能明白，但我不認同嘉蘭的想法，即使我明白她為什麼會這樣想。

父母和親友出於好意，過分關注、過度干預，往往會犯下越俎代庖的失誤。結婚彷彿不是年輕人自己能夠決策的人生大事，反而變成了他人強加的任務，如果任務不能如期完成，當事人就成了對不起家人、對不起家族的罪人。如此一來，為了逃避巨大的社會壓力，真正的主角自暴自棄地淪為配角，產生了為父母而結婚、為結婚而結婚的消極念頭。

無論多麼疼愛，無論多麼擔心，家人都要明白，婚姻是當事人自己的事，旁人只是參謀的角色。壓力太大，反而會生成不負責任的想法和做法，給予空間、學會「讓位」，將對婚姻的控制權和選擇權移交給孩子，才能引導其認真思考、勇於承擔、鄭重選擇。

當然，我們的家人都是普通人，很難做到恰如其分、恰到好處，所以這齣好戲，還得由主角上場。

「隨便找個人嫁」是解決不了問題的，這方法最大的好處是可以逃避眼前的麻煩，代價卻後患無窮，這方法顯示了目光短淺、捨本逐末、輕重不分。若真有人這樣做了，屆時，也真只有她得獨自承擔了。

說到底，婚姻是自己的事，不是滿足他人的任務（不要以此當做妳可以不負責任的理由），沒有人需要妳這樣犧牲，除非妳的家人只圖妳有個丈夫，不問妳是否幸福。

試想，等到妳婚姻失敗，是否可以悻悻然地歸罪於當初施加壓力給妳的家人？然後妳真能豪邁地仰天大笑？所以，妳的「自我犧牲」其實是為了滿足自己懼怕負責、想要逃避的軟弱。

面對問題，迴避只會讓當事人更焦慮、更脆弱。不必裝得自己滿不在乎——這樣的態度意味著妳無法正視也無力應對自己的困境，只會讓挫折感更深，同時還會讓他人誤解妳是幼稚無知、不負責任的人。

請妳大方地對內、對外承認客觀事實（我年齡的確不小了，所以我也確實有點著急）；請妳拿出積極自主的姿態（若有合適的對象，歡迎介紹給我，我會試著擴展人際圈）；請妳做回自己人生的主人（調整擇偶觀，試著認真交往，不貿然地下結論）——這樣的妳，心態好、姿態好，會讓家人更放心、更信任，會贏得更多肯定，會爭取到更大空間、更多權益。有了空間就有了自信，也就有了掌控力，而妳將離幸福更近。

嘉蘭，妳才是主角，這齣人生的精彩與否，得由妳來。

遭遇「豆漿男」

進行心理諮詢，偶爾也會遇上有趣的事，比如，小茶來諮詢時，我一直想笑。不是嘲笑，而是真的覺得這件事有點意思，小茶描繪了自己遇到的一個「豆漿男」：

去年耶誕節，親戚介紹我認識了一個男孩，我們同歲，都剛工作不久。他在一家建材公司上班，月收入不到三萬元，論條件基本上和我相當，彼此印象也不壞。雖然交往時間不長，不包含相親那次，他已經約過我五次。

他人不討厭，有時還挺有意思的，也不太有城府的。就只有一點——我覺得他很小氣。

第一次相親是在茶樓的包廂裡，一共有六個人，他表現還蠻大方，點了不少花茶、小吃和果盤，還給我單獨點了飲料和霜淇淋。接下來的約會，四次都是去看電影。每次看電影前，他都會來接我，帶我去我公司附近的永和豆漿店吃晚飯。每次他也都先問我想到哪吃，我說隨便，他就說吃「豆漿」好了，一點兒也沒注意到我的感受，我也不好多說什麼。

一開始，我很奇怪他幹嘛老是去吃「豆漿」，他表示因為離公司近，比較不會耽誤到電影開演的時間。但是，明明影城附近也有很多店家，比如，西餐、海鮮自助餐、韓國燒烤，想節省時間，也可以吃日式拉麵或麥當勞。

雖然我曾說過自己愛喝豆漿，但也不用每次都喝吧？我覺得他每次去吃「豆漿」就只是因為餐點價位較低廉，倘若到電影院附近再找吃的，消費就變高也不好選擇了。

此外，沒看電影的那次約會也讓我很不高興。他曾傳訊息告訴我，他研究所考試通過了，所以我表示要請他吃飯、為他慶祝。結果，那次約會我們沒去吃「豆漿」，倒是去吃了西餐。

吃完飯後，他問我：「這餐誰買單？」我當時愣住了，他還真的問啊！不過最後他可能看出了我的態度，所以他付了飯錢。

我的閨密給他取了個外號，叫他「豆漿男」。閨密表示，一個好男人絕對不會這麼小氣、這麼不顧女友的感受。而我並不是在乎錢，只是擔心他是個自私的人。所以，我很猶豫是否該繼續和他相處。

在聽小茶敘述的時候，我心裡一直在笑，雖然完全明白小茶的感受，但我眼前始終有一個場景：一個猶疑煩惱的小姑娘和一個渾然不覺的小夥子相對而坐，兩人面前各自放了一杯豆漿。

兩個人去豆漿店的消費大概在三百塊內。就此判斷其是否小氣，要有事實依據。我們先做件蠢事，算算帳，看看這小夥子到底花了多少錢。不算茶樓相親那次，你們見面了五回，耶誕節至今有二十天。假設兩個人吃一頓飯三百元，看場電影六百元，加起來近一千元，四次約會大約四千元。還有一次吃西餐，湊個整數算兩千元。保守估計，二十天的開銷為六千元，而一個月可能就近萬元了。

他剛工作不久，假設月薪兩萬八千元，那麼，在戀愛的初始，他就得要付出三分之一的收入來經營感情。可惜的是，他沒討好到女朋友，還被認為小氣、自私，看來，這錢白花了。

照慣例，在戀愛初期，男孩都要花費一定的金錢，而這種「投資」屬於高風險，不保證能穩住底盤和固定收益，最常見的是竹籃打水一場空。若初戰告捷，接下來的戀愛進行期間，需要持續投入。最終，勝利在望時，還要有一次最大力度的投資——男孩通常要負擔大半的結婚成本。別忘了，早在最初，男方的物質條件就要被女方考察和評估。

綜上所述，一個男孩的經濟實力意味著他在婚姻市場的競爭力，既不能不「大方」，又不能太「大方」。

如果他戀愛時慣於大手大腳，不「月光」不甘休，他有面子，妳也有面子，但往遠處看，婚後，他的收入是家庭經濟來源之一，他的積蓄是家庭資產的部分。他現在花的銀子，可能是妳將來家裡的底盤；他現在的消費習慣，可能是妳將來家庭的財政危機。而這下，妳又會心煩了。

我相信，妳一點都沒想到這些。畢竟妳不是男孩，沒有切身體會；妳不是主婦，沒有理財心得。然而，錢花得多不等於情用得深，妳也不會因此多愛那個人一些，不然，我們豈不是應該去愛那個為我們花錢最多的人？

豆漿很便宜，卻有益女性。「豆漿男」呢？也許，某種意義上異曲同工。

看得出妳是個好姑娘，在乎的不是錢，而是對方的品質。那要怎樣才能準確評估對方是否小氣、自私呢？

下次，妳可以直接說：「今天我們去吃拉麵吧？離電影院很近的。」或者「我想去吃牛排，要是來不及就看下一場電影，好嗎？」如果他立刻回答「好啊！走！」那妳大可放心，他很尊重妳的意見，也希望妳開心，更不怕為了妳多花一點錢。

反觀，他每次都徵求妳的意見，妳每次都表示「隨便」，從來沒有異議，甚至，妳主動提出要請客、要為他慶祝，結果，妳花了別人的錢，吃了不想吃的飯，質疑了對方的人品，埋怨他一點都沒有注意到妳的感受，因而猶豫是否要繼續和他相處。

那妳有沒有想過，妳為什麼主動說要請客？

妳很想給他留下賢慧、懂事、善解人意的印象。妳擔心他會認為妳不夠矜持、不夠賢淑，甚至擔心他覺得妳是拜金女。結果，妳塑造出的形象不是真實的妳，妳心裡一點都不平靜。

我是女人，我懂妳的目的。妳希望，自己不用開口，對方就能明白妳的需求，恰到好處地滿足彼此。而對方的想法也很簡單，他希望滿足妳，所以妳說什麼，他就信什麼、做什麼。他聽到的是妳說愛喝豆漿，而妳說隨便，於是他認真執行著妳的意願。他聽到的是下回由妳來請客，所以誠實地問妳這餐要由誰來買單。問，代表他也在猶豫，不知道妳是否真有此意，擔心自己誤會而破壞了關係。只可惜這小子不大精明，缺乏社會經驗。

假如他真了解妳曲折的心思，恐怕要嚇一大跳——這女孩真複雜，口是心非、太難伺候。甚至，他可能還會覺得：她居然這麼現實，拿錢來衡量感情，看來不好相處。

妳一定覺得冤枉，但他誤解妳了嗎？還是妳誤以為男女不該平等？女人生來就要被呵護，而男人活該就要侍奉女人？這麼想，就是把我們女人變得嬌氣、矯情、虛榮、淺薄，對身邊的男人求全責備，最終讓他們拂袖而去。

妳的朋友說的對，好男人不會自私得不顧女性的感受，除非他弄錯了妳的需求。想要他正確解讀，最好的辦法就是「妳需要什麼就說什麼」，只要不誇張過頭，只要不強加於人。

這麼做，有三個好處：一是妳可以從正面去了解對方，少走一些揣摩解讀的彎路；二是你們的相處會比較輕鬆、自在，不用言不由衷，也不用互相猜忌；三是妳可以得到高分，誰會不想和大方、坦率的姑娘交往呢？

要知道，好女人也不會只顧自己的感受。

一個人的世界末日

寒江雪是公務員，他的案例很經典。他在諮詢室坐定後，第一句話就開宗明義地表示：「還有十天就是二〇一二年十二月二十一日，那天是世界末日」。

寒江雪從未和任何人真正交流過這個話題，包括家人。如果不是還剩下最後十天，他也不會以這樣的方式說出口。

他是中階主管，或許還是無神論，可他並沒有那麼堅定。也許一切都是因為他怕死。

寒江雪的語調很低沉，說很多人都說自己不怕死，他覺得那是這些人沒有認真考慮過死這件事，只是隨便說說，如果死真的在眼前降臨，還有多少人能這麼有底氣？

我問他是不是曾經遭遇過死亡。他說沒有，但仔細想想，記憶和生活中，真有不少與死相關的事。

大約三、四歲時，由奶奶陪伴他成長。他比較調皮，晚上不睡覺，奶奶便嚇唬他，再不睡會有鬼怪出來抓小孩，把小孩抓去吃掉，於是，他嚇得不敢再鬧。

五歲左右，奶奶回老家，他一個人睡，燈一關就哭，不敢睡覺。後來父母沒辦法，只好給他開一盞小燈。直到十多歲，他才漸漸不怕關燈睡覺。

小學五年級時，他的鄰座是位女孩，愛笑，成績也好。有天她突然不來了，說是得了重病。

等到她又回來上學時，已是少了一條腿的狀態，聽說是鋸掉了。又過了一段時間，她病情惡化，期間，他還代表全班去探望她，給她送課本。而她一直都很堅強，寒江雪以為她會好起來，沒想到，很快地，她就離開了。聽說她另一條腿也被鋸掉，但還是沒能活下來。最後，全年級的同學都去送她，只是記不得什麼原因，他沒有去。

從此，他對疾病有種莫名的恐懼。發生這件事後，寒江雪很少去想，現在認真回想起來，才發現這對自己產生了很重大的影響。

初中時，奶奶去世，那時他因為要去上學而沒回老家，倒不怎麼覺得怕。高中時，有天看一部電影，演到死亡的鏡頭，當天晚上他就覺得渾身不舒服，頭腦裡老在思考著自己會不會死、會不會一覺不醒。就這樣不分晝夜地思考著，想停也停不下來，每天都過得很痛苦，擔驚受怕地過了近半年，才慢慢消除恐懼的感覺。此後，他沒有特別被死亡困擾，但他知道自己很忌諱死，他無法像別人活得那樣瀟脫。

最近，世界末日的報導越來越多，網路上充斥各式各樣的消息，好像有扇門在一瞬間把寒江雪心裡的恐懼全打開了。他已經連續兩週睡不著覺，白天還要打起精神上班。他是個追求完美的人，不容許自己出錯，所以非常緊繃。終日惶惶不安，又無法對任何人訴說。

他忍不住上網查相關資訊，看得很仔細透徹。雖然主流媒體都在闢謠，卻沒有辦法拿出強而有力的證據，加上消息層出不窮，很多人都離開家，跑到高山上住在帳篷裡，還有人開始囤積食品和生活用品，超市裡的物品也被搶購一空。

寒江雪心想，如果世界末日是真的，那些最有權勢的人或富豪一定都做好了準備。

他周圍的同事們也都在討論這件事，似乎大家都很相信。寒江雪很猶豫要不要買些物品來儲存，可是他知道家人並不相信世界末日這件事。

其實，人都會死，真要死也躲不過去，所以，寒江雪只想和家人待在一起。偏偏世界末日那天，公司安排他主持一場大型會議，他根本走不掉，也沒有人能接替他。他有好幾次都想找主管告假，但想不出能用什麼理由拒絕。想到將要到來的一切，他感到非常恐懼、非常不安。

我想說的是，如果真有世界末日，告假還需要理由嗎？或者，根本不需要告假——屆時人潮勢必會湧入街道，人們勢必會抱頭鼠竄。而你還在想理由，說明你並不肯定世界末日的降臨。

在想像世界中奔跑的我，絕對沒有想嘲笑你的意思，因為我也不能肯定世界末日一定不會光臨。這樣一來，我們就達成了共識——末日來不來，誰都不知道。

末日這話題，我們暫且擱下，先倒帶回你記憶的初始。

奶奶的嚇唬給你幼小的心靈投下了恐懼的陰影，從五歲到十多歲，睡覺不關燈雖然緩解了你的恐懼，實際上也強化了你的恐懼。而鄰座女同學因病夭折，使你受到很大的衝擊——當時還沒有思辨能力的你，對疾病的兇猛、命運的無常留下了持久的負面情緒。

這些遭遇不算罕見，也並非只有你經歷過，但確實對你發生了作用，這大概與你基本氣質、性格有關，就像一種化學反應。而這恐懼暫時還「蟄伏」著。高中時看到的電影鏡頭，彷彿是個開關，開啟了你深埋在心底的恐懼。它迅速地生根發芽，使你一夜之間陷入強迫思維的深坑裡。

這是壓力滯後型的臨床反應——早年記憶在當時做為潛在模糊的觀念積存起來，後來類似事件出現，記憶被啟動並賦予了新的意義，模糊的觀念逐漸明朗，於是再次發生效用，形成了壓力源。簡單來說，就是一種「喚醒」。

你的性格追求完美，又很在意他人的評價，內斂易感、焦慮不安，常對未知的將來「提心吊膽」，所以發生焦慮綜合症（焦慮、驚恐、恐懼、強迫等）的可能性又較一般人高。

以上，是對你一連串記憶和感受的解讀。

還需要補充的，就是我們人類的終極恐懼——死亡。死是一切恐懼之源，怕死是人之常情。嘴上說不怕死，乃因死亡並未近在咫尺，死到臨頭仍不懼怕的人根本是微乎其微。

恐懼症患者總是害怕特定的物件（人、物品、場所），其實是害怕受傷害，而受傷最壞的結果，無非就是死亡。

人們怕看恐怖片、災難片，實際上是怕面對死亡；人們愛看恐怖片、災難片，實際上是在安全地釋放內心的恐懼感。畢竟，它，無處安放。周圍人對世界末日的議論（不乏調侃），也是同理。假如大部分人都和你一樣惶惶不可終日，你的同事已經紛紛告假，你的家人不會無動於衷，你所在的城市也不該平靜如常。反之，也有和你心境、看法類似的人，棄家登高、傾財囤物。更有甚者，造出各式各樣的「方舟」，以期逃過傳言的滅頂之災。

世界若真來到末日，你我恐怕在劫難逃，不管我們跑得多快。

或者，它只是傳聞。

西元一九九九年的諾查丹馬斯預言和二〇一二年的瑪雅預言是兩大著名的末日預言，但兩者正好是一種悖論，有你則無我，有我則無你。

我從小就喜歡閱讀關於神秘現象、未解之謎、湮滅文明的書籍，沒有研究也有一些了解。瑪雅文明至今沒有得到全面精確的解讀，所謂世界末日，也只是對瑪雅曆法的一種推論，並無確鑿根據。對這種觀點信以為真的人們，大多也是一知半解、道聽塗說。從心理學認知角度來看，屬於典型的主觀臆測。心理，就是對客觀世界的主觀映射。魔由心生，相由心生。

現在，我們能否達成新的共識：面對「世界末日說」，你心中未能化解的恐懼再次甦醒、不得安寧，想要重新獲得安寧，不在於消滅末日，而在於直面內心。

如果末日將至，那麼，請把每一天當成生命的最後一天去珍惜、去體會；如果末日還遠，那麼，請把每一天當做生命的第一天去經歷、去領略。

死亡，也許沒什麼好處，但它使「活著」變得更鮮豔動人。

後記

很多人問我：「為什麼要寫書？」我認真想過。

「名」，我當然喜歡，但肯定沒有愛到要排在第一，甚至，我疏懶得很，偶爾還有明確的逃避行為。再大的「名」也不過是別人飯後、嘴裡咀嚼的一個稱號。也許，這個夏天你靠空調之父卡里爾續命，但誰管他的人生事實上過得如何。

「利」，那更是活見鬼，有多少人因為寫作發財了？如果多，你周圍肯定全是作家，就像滿街的服裝店和飯館，甚至像那些鋪天蓋地、曇花一現的行當。無利不起早，人之常情。我的諮詢費一小時一千三百元起跳，寫一本書則至少要花上幾百個小時，由此可知，這根本蝕本生意。但這不妨礙我希望有更多人能買我的書、讀我的書、收藏我的書，越多越好，就算只是多一個也很好，我承認我貪心。

為什麼要寫書？因為希望有人讀。為什麼希望有人讀？因為想表達自我，想對他人有用。而希望自己對他人有用，歸根究柢還是為了自己。

被氾濫使用的馬斯洛需求層次理論告訴我，我在向頂層「自我實現」匍匐前進。這也許說明了我是個非常幸運的人，因為頂層之外的四個層次（生理、安全、情感、尊重）都已經滿足。不過，這更明確地表明——我跟一般人一樣貪婪。

就是這樣不知足的我，懷揣著做心理諮商師的夢想和當作家的夢想，然後，居然都實現了。

但是，實現夢想一點都不好玩，你得要面對所有你不喜歡的、和目標本質無關的部分。

比如，做一名職業心理諮商師，要面對生意門可羅雀的窘迫、人們半信半疑時的尷尬、人們討價還價時的無奈、人們賒欠賴帳時的辛酸以及全心全意投入後卻被踐踏的苦楚。相較於諮商內容的黑暗晦澀、諮詢者的花招百出，個案本身的難度都是雲淡風輕般的小事；

比如，當一位業餘作家，要面對商業市場的功利——出版市場的緊縮、暢銷排行榜的暗流等，總歸來說就是「寫得好不代表賣得好」，相比起來，寫作本身反而是最容易的事。

所以，我知道，如果我耐不住寂寞，管理不了情緒，懼怕去直面人性，抗拒著接納自我，就沒機會在十一年內累積高達七千五百個小時的諮詢時間，更沒機會將這本書呈現在你的眼前。所以，我知道，如果我不拋頭露面，不讓自己成為網紅，不這般地不按規則出牌，就不會有人知道我，也不會有人知道我的書，更不會有人去買來看。而那些印刷出來的文字，可能過幾個月就會從各地運回倉庫，重新變回紙漿。

正是那些糟糕的部分，鋪就了通往夢想的路。不能繞行，因為生命沒有捷徑。夢想最美妙的時刻，都存在於想像中。因此，如果想毀滅一個夢想，就努力去實現它。雖然夢想實現的當口，它便毀滅，但至少它會實現。現實總不那麼好玩，接受現實卻是人們變得強大的必然要素。

具體來說，這本書汲取了我前十年執業所經歷、積累的一些點和線，雖然尚不能組成面，但可藉由這些點和線來了解端倪。書中的案例都是真實發生過的，也許做了微幅的合併、調整，但也只有諮詢者的個人資訊不準確，其餘內容皆未更改。

對普羅大眾來說，這是心理諮詢的科普文章，是日常生活的思路；對深受心理問題困擾的人來說，這是開啟心門的鑰匙，是自我省思的一面明鏡；對有諮商師證照的專家來說，這是鮮活案例的匯整，是技術實操的樣本。我希望讀者們將本書視為一本實用心理手冊。其實，我狡猾地偷渡了幾篇關於自己的散文，也是我的成長史之片段，供讀者八卦，窺視諮商師真實而不夠美好的個人生活，這滿足了我做為業餘作家的全新體驗。我期望讀者在閱讀本書時能與我對話，放心，我沒什麼優越感，不會居高臨下。

這輩子最好的我，只是個殘疾的千手觀音。平時我是被兔子遠遠拋下的烏龜，如前文所述，處理著一堆明明想逃跑卻不得不駐足的生活難題。譬如眼下我就在極富責任心之編輯的多次追討下，於淩晨一點的成都青城山上寫下這篇，身邊是熟睡的愛人和孩子。這樣的我，相信買書的你不虧。

如果我一直健在，我們還會再見。在書裡見。

朱佳

西元二〇一六年八月十五

國家圖書館出版品預行編目(CIP)資料

歡迎來到擺渡人談心室/ 朱佳著. -- 初版. --
臺北市 : 力得文化, 2018.03　面；　公分. --
（好心情 ; 3）ISBN 978-986-93664-6-5（平裝）

1. 心理諮商　2.心理治療

178.4　　107002508

好心情 003

歡迎來到擺渡人談心室

初　　版　2018年3月
定　　價　新台幣299元

作　　者　朱佳
出　　版　力得文化
發 行 人　周瑞德
電　　話　886-2-2351-2007
傳　　真　886-2-2351-0887
地　　址　100 台北市中正區福州街1號10樓之2
E-mail　best.books.service@gmail.com
官　　網　www.bestbookstw.com
執行總監　齊心瑀
行銷經理　楊景輝
執行編輯　王韻涵
封面構成　高鍾琪
內頁構成　華漢電腦排版有限公司
印　　製　大亞彩色印刷製版股份有限公司

港澳地區總經銷　泛華發行代理有限公司
地　　址　香港新界將軍澳工業邨駿昌街7號2樓
電　　話　852-2798-2323
傳　　真　852-2796-5471

Leader Culture

Lead the Way! Be Your Own Leader!